Ernst Peter Fischer
Einfach klug

Ernst Peter Fischer

Einfach klug

*60 Ratschläge
für ein gelingendes Leben*

nymphenburger

Informationen zum Autor unter www.epfischer.com
und zum Verlag unter www.nymphenburger-verlag.de

© 2008 nymphenburger in der
F. A. Herbig Verlagsbuchhandlung GmbH, München.
Alle Rechte vorbehalten.
Schutzumschlag: Wolfgang Heinzel
Satz: Filmsatz Schröter GmbH, München
Gesetzt aus: 10,8/14,8 pt Sabon
Druck und Binden: GGP Media GmbH, Pößneck
Printed in Germany
ISBN 978-3-485-01118-1

Vorsätze

Die Schule gehört zum Leben, auch wenn man die beiden dauernd trennen will. Denn wie heißt es so schön: Wir lernen nicht für die Schule, sondern für das Leben. *Non scholae, sed vitae discimus.* So klingt das lateinische Original, das in meiner Schulzeit so häufig zu hören war, daß wir alle in der Klasse diese Worte für das ganze Leben behalten mußten. Meine Generation ist diesem Spruch in ihren Schülertagen sogar so oft ausgesetzt worden, daß er irgendwann nicht mehr zu ertragen war, und das war das erste, was ich auf der Schule sowohl für sie als auch für das Leben gelernt habe: Was zu oft und zu rasch wiederholt wird, nutzt sich ab, kehrt sich um und wird lächerlich oder macht wütend (wie die Werbung im Fernsehen).

Auf diese Lektion hätte jeder selbst kommen können, und wahrscheinlich ahnten wir alle in der Klasse längst den oben genannten Sachverhalt in Anbetracht der vielen immer gleichen und nur gut gemeinten Ermahnungen, mit denen die Lehrer uns Disziplin beibringen wollten – also etwa »Meldet euch, wenn ihr etwas wißt« oder »Antwortet in ganzen Sätzen« oder »Die fortschreitende Verdummung ist nicht aufzuhalten« und einiges andere mehr. Wir hörten bei diesen Sätzen kaum noch hin und hätten also längst wissen können, daß durch permanentes Repetieren etwas sinnlos werden kann und die Angesprochenen abstumpfen oder zum Lachen gereizt werden. Doch eines Tages machte uns ein Lehrer ausdrücklich auf diese Möglichkeit der Sprache aufmerksam, und seitdem gehört es zu meinem Schatz des Wissens. Dies passierte auf einer Klassenfahrt, die mit dem Bus von Wuppertal – meiner Heimatstadt, in der ich zur Schule ging – nach Trier führte, und natürlich sollten wir uns anständig aufführen. Der zuständige Lehrer trat nach vorn und bat uns, seinen Hinweisen beim ersten Mal zu folgen. Das würde Zeit sparen, seine Stimme schonen und ihm die Sorge nehmen, sich durch das Wiederholen unserem Grinsen auszusetzen.

Ich war begeistert. Das war einfach klug. Da wurde nicht einfach etwas angeordnet. Da wurde erklärt, warum etwas angeordnet wurde, und aus der Erläuterung ließ sich sogar etwas lernen – und zwar für die Schule und das Leben. In mir breitete sich das Gefühl aus, daß in dem Fall dann auch die Anweisung so gut überlegt sein müsse wie ihre

Begründung. Deshalb folgte ich ihr gerne, und die anderen taten es auch.

Für das Leben lernen

Diese Fahrt nach Trier hat mich sehr beeinflußt. Sie fand in den frühen 1960er Jahren statt und stellt so etwas wie einen kleinen Wendepunkt in meinem Leben dar. Ich war kurz zuvor hängen- bzw. sitzengeblieben, weil ich lieber Fußball spielte als Vokabeln paukte oder mit dem Dreisatz rechnete. Als jemand, der noch ziemlich neu in der Klasse war, traf ich deshalb unvorbereitet auf den Lehrer, der erst Argumente anbot und danach Anordnungen gab. Er unterrichtete vornehmlich Deutsch, Latein und Philosophie und glaubte – so erfuhr ich später von ihm – nur an eine pädagogische Regel, nämlich die des Vorbildes. Ein Lehrer, der sein Fach – etwa Physik – nur nach dem Schulbuch unterrichtet and abfragt, ohne selbst Freude daran zu finden, und der niemals vom neuesten Stand der Forschung zu schwärmen beginnt, wird seine Schüler früher oder später langweilen, wie er meinte, um dabei gar nicht oft genug auf das hinzuweisen, was er alles gelesen hatte und was es alles noch zu lesen gab.

Den Hintergrund seiner Ansichten bildete eine grundsätzliche Überzeugung, die er dem Kirchenvater Augustinus verdankte. Nach dessen Worten rechtfertigt sich jede Erziehung in der Liebe des Menschen zum Menschen. Diese konnte man bei ihm für uns finden und ich spüre sie in meiner Erinnerung immer noch, wobei sich niemand wundern wird, wenn hier hinzufügt wird, daß meine pubertäre Aufmerksamkeit damals primär natürlich anders verteilt und mehr auf andere Objekte als ausgerechnet auf den Lehrer und seine Weisheiten gerichtet war.

Die Reise in eine der ältesten deutschen Städte mit römischem Ursprung war unser erster Klassenausflug, und der Lehrer nutzte die Gelegenheit, uns über den Schulstoff hinaus zu unterrichten. Während es mit dem Bus über die Autobahn oder Bundesstraßen ging, erklärte er uns zum Beispiel die eingangs beschriebene Bedeutungsverschiebung ins Lächerliche, und fügte hinzu, das sei ein uralter Trick der Rhetorik. Er finde sich in vielen Dramen, die zum Schulstoff gehörten – etwa in Shakespeares »Julius Cäsar«. Dort werde Brutus nach dem Mord an Cäsar so oft als ehrenwerter Mann bezeichnet, daß der Zuschauer bald nur noch amüsiert sei und lachen müsse.

In der Schule läßt sich also für das Leben lernen, und zwar dann, wenn man sich anschließend im Alltag umsieht und nach Gelegenheiten der Anwendung sucht. Was die Wiederholungen angeht, so konnte dieses Geschäft bald jedermann mühelos praktizieren, als der sonst so geschätzte Wirtschaftsprofessor Ludwig Erhard als Bundeskanzler mit seinen Appellen zum Maßhalten begann und sich damit gar nicht oft genug an das Fernsehvolk wenden konnte – mit dem Erfolg, daß seine immer gleich inszenierten Auftritte mit den immer gleich klingenden Ermahnungen besser als jede Satire wurden.

Wie man sich denken kann, nutzte der Lehrer Erhards Appelle und ihre Kommentierung in den Zeitungen, um uns erstens zu zeigen, was Satire sei und könne, und um zweitens mit uns zu erörtern, was diese literarische Form nicht dürfe – sich etwa an einem Unglück oder an einer Katastrophe weiden. Er machte uns aber auch noch auf etwas anderes aufmerksam: Selbst wenn sich politische oder andere Sprüche durch unentwegtes Wiederholen irgendwann selbst aufheben – bevor sie das tun, müssen sie eine Bedeutung gehabt haben, und die sollte ergründet werden. Der Lehrer wies uns im Falle der Sparappelle von höchster Regierungsebene darauf hin, daß wir keinesfalls mehr über die wirtschaftliche Lage wissen könnten als der Kanzler (selbst wenn wir alle Zeitungen und noch viel mehr läsen). Wir verstünden mit Sicherheit auch deutlich weniger davon als er. Uns bleibe jedoch die Möglichkeit, genau hinzuhören und Nuancen zu beachten, wenn führende Politiker oder Funktionäre etwas sagten, wobei er – für und mit uns – annahm, daß sie sich dabei an die Wahrheit hielten. Wir sollten versuchen – so der Rat des Lehrers –, die Mächtigen an ihren Worten zu erkennen, wobei das natürlich erst einmal gelernt werden müsse.

»Aus dem Wörterbuch des Unmenschen«
Zu diesem Zweck las er uns »Aus dem Wörterbuch des Unmenschen« vor, das in den frühen 1960er Jahren als Taschenbuch erschienen war und in dieser Ausgabe – dtv Band 48 – bis heute (zerfleddert und vergilbt) auf meinem Schreibtisch steht. Der erste Artikel dieses nach Sprachdelikten Ausschau haltenden Bändchens handelt von dem damals in Mode gekommenen (und bis heute unverändert populären) Wort »Anliegen«. So war (und ist) es vielen Menschen des öffentlichen Lebens ein aufrichtiges Anliegen, dem Volk etwas mitzuteilen, es war dem damaligen Kanzler ein echtes Anliegen, uns zum Sparen zu bewegen, und irgendwo gab (und gibt) es immer einen Bürgermeister, dem es ein besonderes Anliegen war (bzw. ist), einem Fußballverein oder einem Kegelclub zu einem Jubiläum zu gratulieren.

Das klang nur solange erträglich oder gar nett, solange man nicht das erwähnte Wörterbuch zu Rate zog und lesend in ihm erfuhr, daß ein Anliegen »eine drückende Last, einen innigen Wunsch, eine im Herzen behütete, persönlich hochwichtige Bitte« ausmacht, mit der man sich vornehmlich und ganz privat an Gott richtet. Seitdem schaudert es mich, wenn jemand in aller Öffentlichkeit und völlig unnötig ein derart intimes Wort verwendet – es würde ja zum Beispiel reichen, wenn der Bürgermeister sagt, daß es ihn freue, die Glückwünsche überbringen zu können, oder wenn der Kanzler ausdrückt, daß ihm sein Vorschlag wichtig scheine.

Das »Wörterbuch des Unmenschen« wurde auf der erwähnten Trierreise noch einige Male konsultiert, weil wir den Lehrer gebeten hatten, uns mehr über schlechten Sprachgebrauch zu erzählen, der meist darin bestand, schwülstige Formulierungen an die Stelle von einfachen Ausdrücken zu setzen, obwohl beide den gleichen Sinn ergaben. Er wies uns zum Beispiel auf die zahlreichen Wortbildungen mit »mäßig« hin, die damals in Gebrauch waren – leistungsmäßig, mengenmäßig – und die ihm zumeist genau das zu sein schienen, nämlich mäßig. Wer etwa von seinen bildungsmäßigen Fortschritten berichtete, machte sie tatsächlich nicht, auch wenn er sie regelmäßig erwähnte (was natürlich nicht als schlechte Formulierung galt), und wer arbeitsmäßig eine Menge anzubieten hatte, sollte das anders ausdrücken.

Darüber hinaus wartete er auf eine Situation, in der sich einer von uns zu großen Worten aufschwang und sich mit ihnen blamierte. Dummerweise war ich es. Ich schwadronierte auf der Rückreise etwas von einem kommenden Fußballspiel und meinte, unsere Mannschaft wisse um dessen Bedeutung – eine Wendung, die ich in meiner Heimatzeitung gelesen hatte und die mir gefiel. Der Lehrer lächelte und fragte, ob ich das wirklich meinte und ob mir klar sei, was ich da gesagt hatte. Vermutlich nicht, denn wer *um* etwas weiß, so finde man es im »Wörterbuch des Unmenschen«, wisse *von* diesem Etwas nicht viel, er kenne nur das Drumherum einer Sache, diese selbst aber nicht. Ich hörte mit Staunen zu und nahm mir verschämt und in aller Stille vor, künftig weniger bombastische Wendungen zu wählen. Die stillen Worte erweisen sich oftmals auch als wirkungsvoller. Etwas einfach zu sagen, ist klüger.

Zu den Möglichkeiten der Schule
Ich habe nun nicht nur versucht, diesen Rat anzunehmen, sondern darüber hinausgehend begonnen, Ausschau nach den Dingen zu halten, die eine

Schulzeit überdauern und die eigene Lebensführung beeinflussen würden, und zwar ohne daß sie als Unterrichtsstoff vorgesehen waren. Schüler wissen noch nicht, daß sie nichts wissen. Sie wissen nur, daß sie etwas wissen wollen. Sie wirken daher wie ein Resonanzboden, der Anregungen aufnimmt, die geeignet für die Errichtung der inneren Statue erscheinen, mit der sie ihr Leben führen sollen. Dieses Buch erzählt von Beiträgen zu dieser Bildung, und ich beziehe mich dabei auf meine eigene Schulzeit.

Es geht – genauer gesagt – um den kurzen Ausschnitt der frühen 1960er Jahre, als der Autor um die fünfzehn Jahre alt war und die Welt nicht nur in Ordnung schien, sondern den Eindruck erweckte, Wege gefunden zu haben, noch besser zu werden (woran selbst die Berliner Mauer nichts änderte). Diese Einschätzung stammte von dem Lehrer, der seine Schüler – in den Pausen und bei anderen Gelegenheiten – darauf hinwies, daß die Amerikaner die Reise zum Mond anvisiert hätten, die Russen dabei seien, sich von ihrer stalinistischen Vergangenheit zu befreien, und das Zweite Vatikanische Konzil eine Öffnung der katholischen Kirche bewirkt habe. (Er erwähnte die Berliner Mauer nur in Zusammenhang mit den ersten Tunnels, die unter sie hindurchgegraben worden waren, und er bewunderte den Mut derjenigen, die dafür gesorgt hatten.) Dann begann er, von dieser Lage und ihren Chancen zu schwärmen. So viel zu hoffen, so viel zu lernen, so viel zu erleben. Wir Jungen brauchten einen Wegweiser und fanden ihn in dem eben genannten Lehrer. Um ihn geht es hier. Der Text handelt von den Möglichkeiten der Schule, wie er sie erfaßt und genutzt hat, um uns die Lust am Leben zu vermitteln, die ihm selbst anzumerken war. So viel zu sehen in der Welt und auf der Bühne, so viel zu erfahren aus der Natur und den Büchern. Rund vierzig Jahre nach meinem Abitur schreibe ich einige seiner Hinweise, Anregungen und Ermutigungen auf, die mir aus mindestens zwei Gründen in Erinnerung geblieben sind. Sie haben zum einen meine Freude am Leben und damit mein Leben geändert, und sie konnten dies zum zweiten tun, weil sie einfach gehalten waren und mir unmittelbar einleuchteten. Der Lehrer liebte und lobte ganz allgemein das Einfache bei Sätzen und ihren Inhalten, weil man so eher zu der Sache kam, die letztlich zählte.

Einfach klug
Bei ihm hörte ich auch zum ersten Mal den zunächst paradox klingenden Satz, das Einfache sei das Schwere. Beim Sprechen ist die einfache For-

mulierung die schwere, weil sie den Gedanken, der ausgedrückt werden soll, freilegt und erkennbar macht. Das Einfache ist erst recht das Schwere, wenn es gut sein will, wie jeder herausfindet, der sich darum bemüht, wobei eine Warnung nicht vergessen werden darf, die ich später bei Albert Einstein gelesen habe. Ihm zufolge sollte man zwar immer versuchen, eine schwierige Sache so einfach wie möglich darzustellen, aber auf keinen Fall einfacher. Sonst ist sie nämlich weg. Um diese Einfachheit bemühte sich der Lehrer, und darum bemüht sich hier sein Schüler.

Er hofft, dabei die Lektion im Auge zu behalten, daß einfache Wörter nicht immer einfach sind. »Klug« zum Beispiel, so dozierte der Lehrer oft, kann verschiedene Bedeutungen haben und sollte unterschieden werden von Wörtern aus dem großen Angebot der Sprache, die eine ähnliche Bedeutung zu haben scheinen: intelligent, schlau, clever, raffiniert, weise, geschickt und einige mehr. Wir überlegten, ob Tiere klug sein können, und kamen überein, davon Abstand zu nehmen, um Klugheit philosophisch zu sehen, nämlich als das Handeln, das zu einem gelingenden Leben führen kann. Da wir Schüler schlichte Gemüter waren, wollte er uns helfen, einfach klug zu werden. Dieses Buch erzählt, wie er sich darum bemüht hat.

Die Frage nach dem guten Leben
Was einfach gelingend ist, spricht viele Menschen an. Einfachheit bringt Allgemeinheit mit sich, und diese Einsicht ermutigt zu dem Gedanken, daß sich auch für andere zu lesen lohnt, was ich von dem Lehrer gehört habe – etwa seine Bemerkung kurz vor Ende des Ausflugs nach Trier, als wir zurück in Wuppertal waren und durch die Friedrich-Engels-Allee fuhren, die am Geburtshaus des berühmtesten Sohnes unserer Stadt vorbeiführt und nach ihm benannt ist. Trier hatten wir zwar vor allem wegen seiner römischen Ruinen bzw. Bauwerke besucht, aber das Geburtshaus von Karl Marx läßt sich trotzdem schlecht ignorieren. Wir waren also von Marx zu Engels gefahren, wie der Lehrer anmerkte, womit wir als pubertierende Jugendliche nur vage etwas anfangen konnten. Jemand riskierte die Frage, was man von denen wissen müsse, und die Antwort fiel kurz aus. Der Lehrer empfahl uns zu überlegen, ob wir die Welt für gut hielten oder ob wir sie besser machen wollten. Marx und Engels hätten letzteres immerhin versucht – durch Taten und Worte.

Am nächsten Tag griff er die Frage erneut auf und versprach uns mehr Hinweise bis zum Abitur. Das Problem, so sagte er, sei nicht allein zu verstehen, was Marx und Engels geschrieben oder betrieben hätten. Das Problem stecke vielmehr in der Frage, was ein gutes Leben sei, wenn man es gezielt anstrebe, und zwar für sich und andere. Wer könne so etwas festlegen und wissen? Es gebe so viele Möglichkeiten im Leben. Wer könne da die richtige kennen?

Ich hielt den Atem an, kam aus dem Staunen nicht heraus und freute mich zum ersten Mal auf den Rest der Schulzeit.

Der Lehrer hat sein Versprechen später ausführlich eingelöst und den Texten, die gelesen wurden, Hinweise auf mögliche Lebensführungen entnommen. Doch dies gehört zum Schulstoff selbst, um den es ja hier nur am Rande geht. Stattdessen sollen hier die Aufmunterungen und Ratschläge verhandelt werden, die uns als Schülern helfen sollten, den Weg zu einem guten Leben zu finden. Es geht um An- und Bemerkungen, die kein Lehrplan vorgesehen hat und vorsehen kann, und dazu gehört vor allem eine Ansicht, die er noch – zwar rasch, aber eindringlich – äußerte, bevor wir Marx den Rücken kehrten und uns einem Text von Goethe zuwandten, der an der Reihe war (ich glaube, es war »Hermann und Dorothea«).

Der Lehrer, der Goethe über alles liebte und uns später Faust I und II zumutete bzw. zutraute, zögerte noch etwas. Seine Augen richteten sich nicht sofort auf die Pflichtlektüre, auch wenn es Verse von Goethe waren. Sein Blick ging über unsere Köpfe hinweg, und der Lehrer begann sich zu wundern. Es ist komisch, so meinte er, wir wollen für das Leben lernen, schauen aber kaum in die Texte, die es beeinflussen. Wenn man fragt, wer oder was unser Leben bestimme, so führte er weiter aus, dann kommen dafür drei große Wissenschaftler in Frage, die alle gut schreiben konnten – Karl Marx, Sigmund Freud und Albert Einstein. Drei jüdische Menschen, übrigens, die unsere Zeit bestimmen und ihre Richtung vorgeben, höre ich ihn sagen. Juden denken offenbar radikaler und damit eindrucksvoller als andere Autoren, fügte er noch hinzu. Sie ergründen etwas tiefer und gehen bis ans Ende. Wer den Kosmos verstehen will, muß Einstein lesen. Wer die Seele verstehen will, muß Freud lesen. Wer die Gesellschaft verstehen will, muß Marx lesen. Das Außen und das Innen und die Menschen, die beides haben. Auf der Schule würden wir die Herren und ihre Texte nicht schaffen. Privat sollte man das auf jeden Fall tun, sagte er – und damit brach seine Meditation ab, er richtete seine Augen wieder auf die Klasse und begann etwas verspätet mit dem Lesestoff, der mich nun langweilte.

Non scholae, sed vitae discimus
Bekanntlich gibt es mehr Dinge zwischen Himmel und Erde, als sich unsere Schulweisheit träumen läßt, und selbstverständlich braucht man im Leben einiges mehr als die Ratschläge eines Lehrers. Doch es hilft, wenn man sie zur rechten Zeit bekommt. Sie bieten eine Chance, die ich nicht missen wollte, wobei an dieser Stelle versichert sein soll, daß in diesem Buch nur steht, was ich auf der Schule gelernt habe (es sei denn, etwas anderes wird ausdrücklich angemerkt). Daß die Ratschläge für das ganze Leben reichen, wird jeder feststellen, der sie liest und an sein eigenes Vorgehen und Weiterkommen nach der Schule denkt.

Übrigens – der eingangs zitierte Satz von der Schule und dem Leben geht auf den römischen Philosophen Seneca zurück, der ihn ursprünglich umgekehrt formuliert und als Klage verstanden hat. Seneca hatte den Eindruck, daß man zu seiner Zeit – also vor rund 2000 Jahren – im Unterricht leider nichts für das Leben, sondern nur etwas für die Schule lernte, was ihm unsinnig erschien. Bis heute denken sicher viele Schüler (und ihre Eltern), daß das meiste, was im Unterricht an die Reihe kommt, nur auf die Prüfungen der Schule, nicht aber auf die des Lebens vorbereite. Das könne jemand ändern, wie wir im Bus nach Trier erfuhren, und zwar der Lehrer selbst; er stifte, was bleibt, und er könne das tun, ohne auch nur ein Jota Schulstoff zu opfern. Man müsse nur damit beginnen bzw. damit beginnen wollen. Jetzt.

Ein Nachsatz zum Vorsatz
Zu den Ratschlägen, die mich beschäftigen, seit ich sie gehört habe, und die nicht von dem Lehrer stammen, gehört die Empfehlung des großen schottischen Physikers James Clerk Maxwell, zum Frühstück lieber Klassiker als Zeitungen zu lesen. Davon habe man mehr. Es sei zugleich angenehmer und sinnvoller. Noch habe ich Maxwells Reife nicht erreicht, aber neulich habe ich zu der empfohlenen Zeit doch einmal in einem Klassiker gelesen und dabei einen Kommentar zu dem Satz mit der Schulweisheit gefunden, der eben zitiert worden ist. Ich zitiere aus den Sudelbüchern von Georg Christoph Lichtenberg:

»Ein etwas vorschnippischer Philosoph, ich glaube Hamlet, Prinz von Dänemark, hat gesagt, es gäbe eine Menge Dinge im Himmel und auf der Erde, wovon nichts in unseren Kompendien stünde. Hat der einfältige Mensch, der bekanntlich nicht recht bei Trost war, damit auf unsere Kompendien der Physik gestichelt, so kann man ihm getrost antworten: gut, aber dafür stehen auch wieder eine Menge Dinge in unseren Kompendien, wovon weder im Himmel noch auf der Erde etwas vorkommt.«

Einer der wunderbareren Sätze, auf die man selbst gerne gekommen wäre und von denen vielleicht in der Schule die Rede sein sollte. Dann würde der Umgang mit den schweren Dingen der Wissenschaft einfacher.

1

Man kann nicht früh genug damit beginnen, sich eine eigene Bibliothek aufzubauen.

Es gebe Bücher, in denen man ein Leben lang lesen könne, und diese sollte man zu Hause und griffbereit haben, so meinte der Lehrer. Er verkündete deshalb: »Man kann nicht früh genug damit beginnen, sich eine eigene Bibliothek aufzubauen«, und empfahl, schon in der Schulzeit damit zu beginnen. Er selbst hatte immer und überall mindestens ein Taschenbuch dabei. In den frühen 1960er Jahren waren das vor allem die schönen weißen Bände von dtv, mit dem »Irischen Tagebuch« von Heinrich Böll als Nummer 1, und dann die Spektralfarben der edition suhrkamp, die mit Bertolt Brechts »Leben des Galilei« eröffneten (zwei Bücher, die in meinem Bestand bis heute zu finden sind). Der Lehrer rechnete uns gerne vor, was für ein gutes Geschäft solch ein Buch sei. Die komplette »Ilias« koste weniger als eine Eintrittskarte für ein Fußballspiel oder eine Currywurst mit Pommes Frites. Und für dieses geringe Entgelt werde Homer uns ein Leben lang begleiten und bereichern.

Dieser Hinweis des Lehrers ist mir so nahe gegangen, daß ich ihn sehr ernst nahm, als sich eines Abends eine schwierige Alternative stellte, und zwar in Mailand. Ich hatte gerade mit dem Studium begonnen und verdiente etwas Geld als Liegewagenbetreuer. So war ich von Köln nach Mailand gekommen, und dort stand ich kurz vor der Rückreise am Eingang des Dominikanerklosters, in dem Leonardos Abendmahl zu sehen war – allerdings nur gegen Eintrittsgeld. Damit hatte ich nicht gerechnet (dabei hatte uns der Lehrer genau dies auf Klassenfahrten beigebracht), und mein Geld reichte nur noch für eine Portion Spaghetti. Das heißt, ich hatte die Alternative: Leonardos Abendmahl oder mein Abendessen, und während der Magen knurrte, ging ich Richtung Santa Maria delle Grazie und entrichtete meinen Obolus. Spaghetti bekam man überall, den Leonardo gab es nur hier und jetzt.

Übrigens – die Sache endete in jeder Hinsicht glücklich; im Zug erzählte ich den Reisenden von meiner Entscheidung für die Kunst und bekam genug zu essen (und neben einer Menge Zustimmung auch eine Menge Trinkgeld).

2

Nach Spanien fährt man mit dem Zug.

In den 1960er Jahren nahm die Zahl der Gastarbeiter in Deutschland stark zu, und mit ihnen kamen allmählich auch die Pizzerias (Eis gab es schon länger beim Italiener). Als Gegenbewegung fingen die Deutschen immer mehr an, ihren Urlaub im Ausland zu verbringen. Zunächst ging es an die Adria (auch nach Jugoslawien), und dahin konnte man noch ganz gut mit dem Bus fahren. Dann rückte immer stärker Spanien mit Inseln wie Mallorca ins Blickfeld, und das Reisen verlagerte sich in die Luft. Man flog pauschal im Charter (und heute in Trainingsanzügen) nach Spanien, und an dieser Stelle wurde etwas unbegreiflich für den Lehrer, der selbst mit der Eisenbahn oder dem Auto – einem VW Käfer – unterwegs war. »Nach Spanien fliegt man nicht«, sprach er vor der Klasse, und er erläuterte, was ihn daran störte: »Reisen in fremde Länder sind oftmals Reisen zu fremden Kulturen; und auf eine andere Kultur muß man sich einstellen. Dazu braucht es Zeit. Natürlich kann man sich Bücher – Romane lieber als Reiseführer – besorgen und als Vorbereitung auf das fremde Land lesen. Doch man muß sich auf jeden Fall Zeit lassen, von der vertrauten Welt in die ungewohnte Kultur zu gelangen. Ein Zug bringt einen an und über die Grenzen, und dabei entsteht das Gefühl, Abstand von zu Hause zu gewinnen. Zwar braucht man dann etwas länger bis Spanien, aber wenn man zuletzt am Ziel eintrifft, ist man nicht nur da, dann ist man sogar ganz angekommen.«

Die Bedeutung seiner Empfehlung, die Langsamkeit zu entdecken, fand ich später bestätigt in Reiseberichten von europäischen Bergsteigern, die ins Himalajagebirge wollten und von einheimischen Trägern unterstützt wurden. Als die Europäer voll ehrgeiziger Unruhe und atemlos den hohen Gipfeln zueilten, weigerten sich die Sherpas plötzlich, weiterzugehen und ihnen zu folgen. Auf Nachfrage erklärten sie, sie müssen noch auf ihre Seelen warten. Sie seien bei der Eile nicht mitgekommen.

Ich nehme an, daß der Lehrer das sagen wollte. Wer nach Spanien fliegt, kommt dort mit seinem Gepäck, aber ohne seine Seele an. Dann hätte er auch daheim bleiben können.

3

Das Land der Griechen mit der
Seele suchen.

Als jemand aus der Klasse den Lehrer einmal fragte, ob man lieber Französisch oder Spanisch lernen solle, befürwortete er die zweite Wahlmöglichkeit mit dem Hinweis auf die globale Bedeutung dieser Sprache (und unter Berücksichtigung der eher kaufmännischen Interessen des Fragenden). Am liebsten hätte er vermutlich eine dritte Alternative vorgeschlagen, nämlich Griechisch, doch das gab es damals nicht im Angebot. Griechisch war in unseren Breiten und zu unserer Zeit kein Schulfach, was den Lehrer sehr ärgerte. Er meinte nämlich, daß ein Einblick in die griechische Grammatik verständlich machen könne, warum in dieser Sprache das philosophische Denken entstanden sei, das unser Leben in Europa bis heute prägt, und für solche Einsichten sei die Schule da.

Während wir in einigen von Platons Dialogen – in Übersetzung – lasen, schrieb der Lehrer zentrale Textstellen in griechischer Schrift an die Tafel, und er schien sich dabei am Klang der Wörter so zu berauschen, daß wir eigentlich etwas hätten merken müssen. Der Lehrer träumte nämlich davon, ein Buch über Griechenland, genauer über das Griechentum und die von ihm entdeckte Humanität in der Lebensgestaltung zu schreiben. Sie bestand für ihn in der Überzeugung, wie er einmal sagte, daß eine Lebensführung auf philosophische Einsichten zu gründen sei, um gelingen und dabei das werden zu können, was man im Alltag als »gut« empfinde. In diesem Sinne sah es der Lehrer dann auch als seine Lebensaufgabe an, »das Land der Griechen mit der Seele« zu suchen, wie der Gedanke in Goethes »Iphigenie auf Tauris« ausgesprochen wird, den man weniger poetisch durch die Worte fassen kann, sich auf sich selbst einzulassen, denn das Griechische stecke in uns allen. Jemand müsse es rausholen und den Knaben Mut machen, es zu tun, damit sie auf diese Weise sich selbst verwirklichen können (wie man es mit einem schönen Konzept der Romantik sagen kann, das in den späten 1960er Jahren albern wurde). Philosophie war eben nicht nur etwas für die Schule, sondern gerade für das Leben, und zwar das richtige. Die Figur, die hier längst jedermann vor Augen hat, ist Sokrates, dessen Hebammenkunst dem Lehrer sicher vorschwebte, als er versuchte, unseren Köpfen das Denken zu entlocken, das in ihnen steckt. Er konnte nicht alles ansprechen, und so habe ich erst nach der Schule gelernt, daß bei Sokrates nicht nur die Anleitung zum richtigen Leben, sondern auch zum richtigen Sterben zu finden ist. Auch das gehört zum Leben – und somit in die Schule.

4

Man braucht einen Stadtplan,
um ihn überflüssig zu machen.

Reisen gehört zum Leben, und man muß es lernen und üben, wie so vieles andere im Leben auch. So zumindest erfuhren wir von unserem Lehrer, der uns dabei helfen wollte. Für den Aufenthalt in großen Städten – wir sind mit ihm nach Rom und Paris gefahren – empfahl er natürlich zunächst dringend ein intensives Studium des Stadtplans, riet dann aber, ihn so schnell wie möglich aus der Hand zu legen: »Man braucht einen Stadtplan, um unabhängig von ihm zu werden«, wie er sagte. Man wolle und solle nicht auf die Karte starren, sondern die Stadt anschauen, und es gelte, sich zeitig an markanten Punkten und durch die Himmelsrichtungen zu orientieren. Es gebe zwei Möglichkeiten, so dozierte er an zentraler Stelle, in einer Stadt umherzulaufen, ohne sie näher kennenzulernen. Die erste liefere der Fotoapparat. Wer seine Kamera sofort auf jede Sehenswürdigkeit richte, verpasse diese selbst. Er verstehe ja, daß man irgendwann seine Eindrücke festhalten wolle, doch erst einmal müsse man sie bekommen. Er jedenfalls schaue sich die Stadt lieber gleich an Ort und Stelle und nicht erst zu Hause auf den Bildern an. Wer fotografieren wolle, könne das beim zweiten oder dritten Besuch machen. Dann habe man die bessere Perspektive und könne nach persönlichen Eindrücken auswählen.

Die zweite Möglichkeit, eine Stadt zu übersehen, liege in der Fixierung auf den Stadtplan. Natürlich brauche jeder immer mal wieder eine Detailinformation. Um sich in einer Stadt zurechtzufinden, müsse man jedoch von dem Plan unabhängig werden. Er empfahl, sich die Richtungen der großen Straßen, die weithin sichtbaren Monumente und natürlich auch Cafés und Kneipen zu merken und dann einfach loszumarschieren. Dabei könne man natürlich die falsche Richtung erwischen. Aber solange man keine Verabredung habe, zu der man nicht zu spät kommen dürfe, brauche man sich darüber keine Sorgen zu machen. Im Gegenteil. Jetzt habe man die Chance, etwas zu sehen, auf das man gar nicht gefaßt gewesen sei. »Also, los geht's, meine Herren«, so der Lehrer – im Weggehen.

5

Es gibt mehr Bücher,
als man im Laufe eines Lebens lesen kann.

Etwas finden, auf das man gar nicht gefaßt gewesen sei, könne man nicht nur in der Fremde, sondern auch in der Heimat, und zwar in jedem Buchladen. Daher lohne sich ein Besuch mit Herumschmökern immer, wie der Lehrer betonte, nachdem er uns grob ausgerechnet hatte, wie viele Wochen und Tage uns bis zu unserem 75. Lebensjahr blieben: 60 Jahre mit jeweils rund 50 Wochen ergibt rund 3000 solcher Wochentage, in denen wir wie viele Bücher lesen könnten?

Wenn man es bei einem Band pro Woche beläßt, so der Lehrer, schaffe man im Laufe seines Lebens gerade einmal an die 3000 Bücher, und da er uns nicht deprimieren wollte, verschwieg er, wie viele Neuerscheinungen pro Jahr auf den Markt und also in die Buchläden kommen. Auf jeden Fall müßten Bücher gut ausgewählt werden, und da man kein Auto ohne Probefahrt anschaffe, sollte man auch kein Buch ohne Probelesen erwerben.

Das wollte ich zwar gerne ausprobieren, doch

stand ich damit plötzlich vor einer Mutprobe. Bei uns zu Hause gab es nur wenig Bücher – meine Eltern hatten in den Nachkriegsjahren andere Sorgen gehabt –, die Schullektüre bekam ich von meinem Bruder, und einen Buchladen kannte ich nur von außen. Das mußte sich jetzt ändern, und zum Glück wußte ich wenigstens, wonach ich dabei suchen wollte, nämlich nach den Autoren Marx, Freud und Einstein – und dem »Wörterbuch des Unmenschen«.

Eines Tages hatte ich – durch Nachhilfeunterricht – das erste eigene Geld zusammen, und nach einiger Überwindung betrat ich einen Buchladen, wobei ich mir den ausgesucht hatte, in dem sich wenig Kunden aufhielten. Das war natürlich auf den ersten Blick falsch, denn jetzt wurde ich gleich von jemandem angesprochen und nach meinen Wünschen gefragt. Auf den zweiten Blick war es aber das Beste, was mir passieren konnte, denn das Personal war nicht nur ausgesprochen kenntnisreich, was die erwünschten Bücher anging, es zeigte sich auch erfreut, daß jemand so genau nach Lektüre suchte. Meine erste Erfahrung ist geblieben: Nach wie vor finde ich es beglückend, wenn man einen Buchladen betritt, sich umschaut und mit den dort tätigen Buchhändlerinnen und -händlern – heißen die wirklich so? – ins Gespräch kommt. Viele von ihnen können oft mit großer Begeisterung erzählen, was es alles noch zu lesen gibt, und wenn sie dies tun, dreht sich bei mir die Angst vor der Menge um und wird zur Freude, daß der Lesestoff nie ausgeht. Ich nehme übrigens an, daß der Lehrer seine Rechnereien in dieser Absicht vorgeführt hat.

6

Es gibt Texte, für die man zu dumm ist – und das kann das ganze Leben lang so bleiben.

So schön Buchläden und Bücher sind – wer anfängt, sich in ihnen umzuschauen, riskiert es, an seine Grenzen zu stoßen. Es gibt Texte, für die man zu dumm ist und bleibt, wie wir von unserem Lehrer erfuhren. Wenn ein Buch und ein Kopf zusammenstoßen und es klingt hohl – so habe ich es später bei Georg Christoph Lichtenberg gelesen –, dann muß es nicht unbedingt das Buch gewesen sein. Der Lehrer warnte uns deshalb vor allzu raschen Käufen, weil es damals einen Taschenbuchverlag gab, der vorgab, »das gute Buch für jedermann« anzubieten. Solchen Sprüchen, so riet er, sei mit Skepsis zu begegnen. Nicht auf ein Buch, sondern in es hinein schauen, lautete die Devise, und dabei das richtige zu seiner Zeit finden.

Unter dieser Vorgabe fing ich mit Albert Einsteins »Mein Weltbild« an. Diese Essays waren gerade als Taschenbuch neu auf den Markt gekommen, und – so spielt manchmal das Anfängerglück – als ich es aufschlug, fiel mein Blick auf Einsteins Meinung, daß Töten im Krieg nichts als gewöhnlicher Mord sei. Dieser Satz hat mein Leben dadurch beeinflußt, daß ich erstens unter Berufung auf Einsteins Sicht den Wehrdienst verweigert habe und zweitens – beim Weiterlesen – auf große Physik gestoßen bin, die mich zum Studium des Fachs verlockte.

Mit Einstein in der Hand hatte ich keine Lust mehr auf andere Texte – weder auf die von Marx noch auf die von Freud. Die Bücher von Marx waren mir zu dick und die Seiten zu eng bedruckt, was mich abstieß. Man konnte sie kaum aufschlagen geschweige denn lesen, ohne den Rücken zu brechen, was ich auf jeden Fall im Laden und später auch zu Hause vermeiden wollte. Und zu Freud bin ich gar nicht weiter vorgedrungen. Auf meine Frage, was es von ihm denn zu lesen gebe, murmelte ein Buchhändler etwas von Traumdeutungen und Sexualphantasien, was mich verwirrt erröten und gehen ließ (zur Kasse, um den Einstein zu bezahlen). Als ich ein paar Tage später bei Bekannten ein Lexikon fand und unter »Freud« nachschlagen konnte, kam ich nach Umwegen auf den Ödipus-Komplex, der etwas mit meiner Mutter und einem merkwürdigen Begehren zu tun haben sollte. So ein Blödsinn, wie ich dachte, um mich an die geringe Zahl von Büchern zu erinnern, die ich in meinem Leben bewältigen könnte. Blieb da bei soviel Einstein und anderen Physikern überhaupt Zeit für Freud?

Als ich den Lehrer um Rat fragte, meinte er, ich solle mir ruhig Zeit mit Freud lassen. »Das Unbehagen an der Kultur« würde ich noch entdecken und zu spüren bekommen. Das sei schließlich die Bestimmung der Gesellschaft.

7

**Man verleiht keine Bücher,
die man mit Anmerkungen versehen hat.**

Bücher kaufen ist nicht schwer, wenn es auch Geld kostet und eine Entscheidung fordert. Bücher lesen kostet mehr Mühe, und sofort stellt sich die Frage nach der Lesetechnik. Der Lehrer gab eine Menge Ratschläge, die immer mit Ruhe und Konzentration zu tun hatten. Man lese natürlich langsam, und man solle dabei eine anständige Haltung einnehmen. Er zeigte uns Gemälde mit Lesenden – etwa August Mackes Bilder mit seiner Frau Elisabeth –, wies auf die innere Ruhe des Menschen hin, der ein Buch aufgeschlagen hat, sagte aber auch, daß er selbst beim Lesen nicht nur sitzen könne. Er habe sich ein Stehpult anfertigen lassen, zu dem er wechseln könne – und zwischendurch das Spazierengehen nicht vergessen. Gute Gedanken kommen manchmal erst nach einer Pause.

Darüber hinaus sei es wichtig, mit dem Bleistift in der Hand zu lesen. Er streiche stets an, was ihm gefalle oder auffalle, wobei er das erst bei der zweiten Lektüre mache. Beim ersten Lesen wisse man ja noch gar nicht, ob sich das Buch so richtig lohne. Wenn man das Angestrichene später eigens in ein Heft übertrage, habe man den ersten Schritt zum wissenschaftlichen Arbeiten geschafft, erzählte der Lehrer noch. Man spreche vom »Exzerpieren« – ein mir bis dahin völlig unbekanntes Wort, dessen Klang mir gefiel und das ich vor mir her murmelte, bis ich es locker beherrschte.

Noch etwas gelte es bei seinen eigenen Büchern zu beachten, sagte der Lehrer. Ein angestrichenes Exemplar verleihe man nicht. In einem angestrichenen Exemplar stecke eine Menge Arbeit und die ganze persönliche Aneignung des Buches. Das gebe man nicht aus der Hand, vor allem dann nicht, wenn man es als Arbeitsexemplar immer wieder zu Rate ziehen wolle. Er sei schon einmal in eine Buchhandlung gegangen, um ein unbearbeitetes frisches Exemplar eines Buches zu kaufen, damit er dies dann habe verleihen können. Natürlich hätte der Freund, der um die Leihgabe bat, selbst die dazugehörenden Kosten auf sich nehmen können, nur komme der sich in Buchhandlungen immer so verloren vor. Er selbst gehe dort gerne hin, und das Vergnügen lasse er sich ruhig etwas kosten.

8

Alles hat seine Zeit,
auch das Reinigen von Fingernägeln.

Wie gesagt – jedes Buch hat seine Zeit, was der Lehrer vor allem bei Romanen und Gedichten meinte. Sie gehörten – noch vor den Sachbüchern – in eine Bibliothek, und er versicherte uns, daß man sehr viel über die Menschen und das Leben erfahre, wenn man erfundene Geschichten und poetische Formulierungen lese. Übrigens – er stellte nie die Frage: »Was will der Dichter uns damit sagen?«, und zwar deshalb nicht, weil der Dichter uns gar nicht kenne. Er erörterte dafür um so lieber die Frage, ob sich etwas auch anders sagen ließe, etwa das, was in einem Roman zu lesen war. Seine Antwort: »Ja sicher, nur nicht so gut.«

Was die rechte Zeit für ein bestimmtes Tun angeht, so bezog der Lehrer diese Frage nicht nur auf das ganze Leben, sondern auch auf einen Tag oder eine Stunde. Er konnte es nicht leiden, wenn jemand etwas zur unpassenden Zeit tat – wenn zum Beispiel jemand seine Fingernägel während des Unterrichts nicht nur anstarrte, sondern sie sogar säuberte. Er wurde dann aber nicht wütend, sondern hob fast biblisch an: »Alles hat seine Zeit, auch das Reinigen des Körpers.«

So banal das klingt, das Besondere dieses Vorgehens steckt darin, daß der Lehrer sich nicht damit begnügte, jemanden zu rügen. Er lieferte wie immer eine Begründung für das ausgesprochene Verbot mit. Und sie betraf nicht nur den Unterricht, sondern auch die Fingernägel. Die beste Zeit, sie zu reinigen, so dozierte der Lehrer, sei die Zeit nach dem Baden. Er sprach darüber, wie weich der Nagel dann sei, wie leicht man an die zum Reinigen gehörenden Geräte komme und so weiter. Er betonte, wie wohl man sich genau dann fühle, wenn man den richtigen Zeitpunkt für die reinigende Tat gewählt habe, und so weiter, wobei mir dazu etwas anderes einfällt: »Und so weiter«, so sagte der Lehrer, gebrauche man nur, wenn wirklich klar ist, wie es weitergeht. 1, 2, 3 und so weiter. Das ist klar. Aber wenn er etwa lese: »In Brasilien, Indien, China und so weiter sei man noch nicht so weit«, dann wisse er nicht, wie die Aufzählung fortzusetzen sei. Auch das »und so weiter« hat seine Zeit – nur nicht jede.

9

Es ist leicht, eine Nacht durchzufeiern; schwer ist es, trotzdem am nächsten Morgen pünktlich zu sein.

Wenn unser Lehrer der Ansicht war, daß sich etwas nicht gehöre – schlichtes Abschreiben, ungeschicktes Vorsagen, verspätetes Eintreffen, unbegründetes Angeben –, dann rügte er natürlich die entsprechende Handlungsweise. Er verwarf und verdammte aber nicht grundsätzlich, was man getan hatte, und ließ sogar Ausnahmen gelten. Er bestand vor allem darauf, zu dem eigenen Verhalten zu stehen. Die oberste Maxime lautete natürlich, daß niemand unter diesem Treiben zu leiden und man sich an Vereinbarungen zu halten habe. Ansonsten könne man tun, was man wolle – eine Sicht, die seiner Autorität als Klassenlehrer in meinen Augen einen grundlegend menschlichen Zug verlieh, der uns ansprach und versöhnlich stimmte.

Es konnte natürlich passieren, daß jemand zu spät zum Unterricht kam – ich war einmal in einen eher harmlosen Autounfall verwickelt, mußte aber auf die Polizei warten und habe zudem geholfen, die Straße freizuräumen (was die ausdrückliche Billigung des Lehrers bekam). Doch sollte man zum einen wissen, daß hirnlose Entschuldigungen nicht sehr viel weiterhalfen. Wer sich zum Beispiel verspätete – um beim Thema zu bleiben –, konnte das nicht einfach auf den dichten Verkehr schieben, denn er hätte ja früher losgehen können. Man sollte darüber hinaus zum zweiten verstehen, daß es unangemessen sei, aus reiner Bequemlichkeit zu spät zu kommen – der Lehrer stellte eine Schulstunde als Verabredung dar, für deren Einhaltung jeder verantwortlich sei. Und er machte uns zum dritten klar, daß er niemanden loben könne, der sich seine Sache zu leicht machte (wobei ich sicher bin, daß er diesen Punkt besonders betont hat, als den Schülern später von progressiven Pädagogen die Sache ganz leicht gemacht wurde, indem sie sich selbst Entschuldigungen ausstellen konnten).

Um konkreter zu werden: Der Lehrer hatte überhaupt nichts gegen die Freude und die Teilnahme an Festen, womit in seiner Heimat meist Schützenfeste gemeint waren, aber man mußte konsequent sein. In seiner Kindheit – so erzählte der Lehrer – wäre das Schützenfest das große Ereignis gewesen, bei dem das Jungvolk seine Trinkfestigkeit habe zeigen müssen und können, und zwar zumeist an einem schönen Sommersonntagabend.

Der Leiter der Dorfschule mußte am nächsten Morgen mit angeschlagenen Gestalten auf den Schulbänken rechnen, und er akzeptierte ihren Zustand. Was ihn ärgerte, waren die Figuren, die einfach zu Hause im Bett blieben. Man könne ruhig einmal durchsaufen, man müsse dann jedoch trotzdem seinen Mann stehen. Das sei man den anderen schuldig, zu denen der Lehrer selbst gehörte.

10

Ein Dünner, der einem Dicken sagt,
er solle abnehmen, soll selbst erst einmal
zeigen, daß er zunehmen kann.

Unser Lehrer liebte das gute und ausführliche Essen, und die Folgen dieses Genießens mit guten Weinen zeigten sich an seiner Leibesfülle (die ganz anders gewesen war, als er noch geraucht hatte). Da er sich zudem kaum – besser: außer beim Spazierengehen gar nicht – sportlich bestätigte, wußte jeder Arzt, was da früher oder später als Diagnose fällig sein würde. Irgendwann traten Herzbeschwerden auf, was natürlich kein Thema für uns Schüler sein konnte – mit einer Ausnahme, die dem Lehrer erwähnenswert erschien. Er wurde von einem äußerst schlanken Mediziner behandelt und beklagte sich nun bei uns, daß der Fitneßfanatiker ihn, den Lehrer, dringend aufgefordert habe, sein Gewicht zu reduzieren. Das wolle er gerne tun, habe er geantwortet (so erzählte er es uns mit fröhlicher Mine), aber erst dann, nachdem der Arzt ihm gezeigt habe, daß er selbst an Gewicht zulegen könne.

Die Frage, auf die es dem Lehrer ankam, spielt heute in der Genetik eine große Rolle. Wodurch werde ich, was ich bin? Durch meine Gene oder meine Umwelt? »Nature or Nurture?«, wie es in der Sprache Shakespeares und in dessen Formulierung heißt. Der Lehrer war der Ansicht, daß er nicht nur auf Grund seines Zugriffs auf Leckereien dick geworden sei, sondern daß dazu andere, von ihm nicht zu beeinflussende Faktoren beigetragen hätten. Von analogen Faktoren nahm er an, daß sie zur Schlankheit des Arztes beitrügen, und die aktuelle Wissenschaft schließt die Richtigkeit dieser Überlegung keineswegs aus.

Seinen Schülern wollte der Lehrer klarmachen, daß vieles, was eindeutig aussieht, nicht so eindeutig sein muß – auch dann nicht, wenn eine Autorität im weißen Kittel es verkündet. Was den Lehrer veranlaßt hatte, uns davon zu erzählen, war die Verblüffung des Arztes. Der hatte sich über diese Möglichkeit noch nie Gedanken gemacht. Er reagierte allerdings wunderbar, indem er sich für den Hinweis bedankte. Dann ordnete er trotzdem eine Diät an. So ging es beiden besser.

Übrigens – Ärzte verdienten damals eine Menge Geld, was den Beruf verlockend machte und einige Politiker die Frage erörtern ließ, ob man sich unabhängig von seiner sozialen Herkunft für ihn qualifizieren könne. Das Medizinstudium sei zu lang und zu teuer für bestimmte Schichten der Gesellschaft. Der Lehrer wunderte sich über diese Art des öffentlichen Interesses und meinte, »Es kommt nicht darauf an, daß Arbeiterkinder Ärzte werden, sondern darauf, daß Patienten geholfen wird.« Ihre – unsere – Gesundheit sei kein soziales, sondern allein ein medizinisches Thema.

11

Wer beim Quiz brilliert,
hat oft nichts anderes zu sagen.

Zu den Dingen, mit denen man nie umzugehen lernt, gehört das Fernsehen. Der Kasten steht heute einfach überall herum, bei uns zu Hause tauchte er plötzlich eines Tages im Wohnzimmer auf, und bald ließ man sich nicht nur abends in der Familienrunde berieseln, bald standen die Sessel auch so, daß man gar nichts anderes mehr konnte. Der Lehrer äußerte sich lange Zeit überhaupt nicht zu diesem Thema – dem neuen Medium, wie man heute sagt –, erwähnte dann eher beiläufig, daß er es vorziehe, ins Theater zu gehen. Dort könne man sich besser konzentrieren und mehr auf- und wahrnehmen. Fernsehen sei wie das Blicken auf eine Briefmarke, um ein Bild von Rembrandt zu betrachten. Und konzentrieren könne man sich dabei auch kaum. Das Bild sei stets unruhig und unscharf, und das lenke vom eigentlichen Inhalt ab.

Natürlich änderte das nichts daran, daß einige von uns – zum Teil bei Nachbarn – vor den Apparaten saßen, und eines Tages fragten wir ihn, ob man beim Fernsehen nicht doch etwas lernen könne, nämlich dann, wenn man die Quizsendungen verfolge. Das lehnte der Lehrer ab. Er sprach von einer beziehungslosen Fragerei, die völlig unverbindlich bleibe und nicht den geringsten Bildungswert habe. Natürlich freue es ihn, wenn jemand die Lebensdaten von Lessing und Goethe und vielleicht auch die Titel von einigen ihrer Werke nennen könne. Wichtiger sei jedoch, wenn man sich zu einigen Ideen der genannten Dichter äußern und Zusammenhänge in ihrem Bemühen etwa um die Entwicklung der deutschen Sprache herstellen könne. Bei einem Quiz die richtigen Antworten zu wissen, schade ja nicht, aber Bildung und Verständnis seien etwas anderes.

Während er davon sprach, fiel ihm die Geschichte einer Prüfung ein, in der jemand von dem Kandidaten wissen wollte, wer denn früher gelebt habe – Lessing oder Goethe? Vorsichtig kam die (falsche) Antwort »Goethe«, was den Lehrer danach fragen ließ, wann Goethe denn ungefähr gelebt habe. »So um 1900«, lautete jetzt die Vermutung, was das Faß zum Überlaufen brachte. »Sie haben doch sicher davon gehört«, sagte der Lehrer, »daß Goethe sehr alt geworden ist. Was meinen Sie? Lebt Lessing noch?«

12

Einzelwissen führt nicht weiter.

So sehr der Lehrer auch daran arbeitete, uns auf das Leben vorzubereiten, es war immer wieder die Literatur, die er dazu heranzog. Ich weiß längst nicht mehr in jedem Detail, was er damals dazu gesagt oder praktiziert hat. Insgesamt hat sich in mir ein Eindruck festgesetzt, den ich gerne so ausdrücke: Zwar ist Literatur nicht alles, aber alles ist in der Literatur.

An einem Montagmorgen kam der Lehrer voller Begeisterung in das Klassenzimmer. Er hatte am Wochenende die Kindheitserinnerungen von Marcel Pagnol gelesen und empfahl uns die Bücher dringend. Er erzählte von vielen »schönen Stellen«, wobei ihm in Hinblick auf das Thema »Einzelwissen« eine Passage besonders gefallen habe. Der Knabe Marcel bekam von seinem Vater – einem Mathematiklehrer – erklärt, wie er sich am nächtlichen Sternenmeer orientieren und zum Beispiel eine Himmelsrichtung finden könne. Einfach das Sternbild Großer Wagen finden, so lautete die korrekte und genaue Anweisung, dann die Hinterachse anvisieren und etwa fünfmal verlängern – und schon erblicke man den Polarstern, der einem leicht und leuchtend zeige, wo Norden ist.

Eines Tages verirrt sich Marcel, und es wird dunkel, bevor er heimfindet. »Kein Problem«, denkt er. »Ich bin gut vorbereitet; ich muß nur warten, bis ich den Großen Wagen sehen kann.« Die Sternenkonstellation mit diesem Namen zeigt sich auch bald, Marcel geht spielend leicht die Schritte durch, die sein Vater ihm beigebracht hat, er weiß jetzt, wo Norden ist – doch dann ist Schluß. Er weiß nämlich nicht, in welcher Richtung das Haus liegt, in dem seine Familie auf ihn wartet.

Natürlich ist die Geschichte gut ausgegangen – sonst könnten wir sie nicht lesen –, aber sie zeigt dabei, wie wenig isolierte Kenntnisse bringen, wenn es um das Leben geht, wenn an dieser Stelle ein emphatischer Ausdruck zugelassen ist. Das Vertrackte liegt nun darin, daß wir eigentlich schon auf der Schule nur Einzelwissen erfahren, wenn im Kollegium jeder mit seinem Fach allein beschäftigt ist und nur dessen Wissen vermittelt. Wie kann es sonst sein, daß man in der Physikstunde das Gegenteil von dem lernt, was man mit Augen sieht und im Deutschunterricht hört? Während die Sonne in der Sicht der Wissenschaft und im Sinne von Kopernikus im Zentrum der Welt *ruht, geht* sie vor unseren Augen morgens auf und abends unter – und wenn Dichter von etwas schwärmen, dann von einem Sonnenuntergang. Es wäre auch zu komisch, wenn sie stattdessen die Erdrotation loben würden.

13

Wer sich vorher Zeit nimmt,
hat nachher mehr von der Oper.

Der Lehrer liebte das Theater und die Oper so sehr, daß er ab und zu einen oder mehrere Schüler einlud, ihn und seine Frau zu begleiten. So stand ich eines Abends zum ersten Mal im Foyer einer Oper und wartete nervös auf die Ouvertüre der »Zauberflöte«. Später haben wir zusammen den »Ring des Nibelungen« besucht, und meine Lust auf Opern ist ungebrochen. Der Schüler erfuhr dabei nicht nur etwas über die Werke selbst, sondern auch über den Besuch einer Aufführung, also etwa, wie man seinen Platz findet und prüft, ob man in der Mitte einer Reihe oder am Rand sitzt. Im ersten Fall könne man nicht bis zur letzten Sekunde warten, um sich einzufinden, wie der Lehrer uns ermahnte. Wer dies aus was für Gründen auch immer nicht vermeiden könne, solle wenigstens den Zuschauern, die bereits ihre Plätze eingenommen hätten, nicht seinen Hintern hinhalten und sich für ihr Aufstehen bedanken.

Für den Lehrer war es besonders wichtig, sich

früh am Ort der Veranstaltung einzufinden. Er wolle ausreichend Zeit haben, um sich innerlich auf das Stück einzulassen, wie er sagte. Auf der Bühne erlebe man eine eigene Welt, und um sich ihr angemessen nähern zu können, brauche man Abstand von der anderen, in der man den ganzen Tag unterwegs gewesen sei. Wer lange vor Beginn der Vorstellung komme, verschwende seine Zeit nicht. Im Gegenteil. Er nutze sie sinnvoll. Zeit kann man nicht verlieren. Wer in die Oper oder ins Theater geht, so sein Rat, solle sich genug davon nehmen.

Dem ist nichts hinzufügen, außer vielleicht, daß wir bei dieser Gelegenheit auch von der Sitte der Universitäten erfuhren, Vorlesungen immer eine Viertelstunde nach der vollen Stunde beginnen zu lassen. Cum tempore, so hieß das im Vorlesungsverzeichnis, und es wurde c.t. abgekürzt. Das bedeute natürlich nicht, so der Lehrer, daß man erst um »Viertel nach« kommen solle. Es heiße vielmehr, daß derjenige, der sich zur vollen Stunde in den Hörsaal setzt, genügend Zeit habe, sich auf den Vortrag zu konzentrieren, der dann pünktlich beginnen könne. Vielleicht sollte man das den Studenten von heute bei irgendeiner Gelegenheit erklären. Sie kommen sehr oft nach der festgesetzten Zeit und verschwenden sie so.

14

Der Computer kann Zeit zur
Freundlichkeit geben.

In den frühen 1960er Jahren gab es zwar Rechengeräte, aber sie verfügten nicht einmal im Ansatz über die Fähigkeiten und Kapazitäten, die heute selbst bei einfachen Maschinen mitgeliefert werden. Wenn hier von Computern die Rede ist – und das Wort ist sehr viel älter als die Sache, die wir inzwischen benutzen –, dann sind damit erste einfache Hilfen für das Rechnen gemeint. Über sie hat sich der Lehrer einmal geäußert, und zwar so, daß es mir scheint, daß wir auch heute noch davon profitieren können.

Seine entsprechende Erzählung beginnt an einem Postschalter, und der Lehrer konnte (und der Schreiber kann) sich noch an Zeiten erinnern, in denen die dort sitzenden Beamten nur einen Bleistift und ein Stück Papier zur Verfügung hatten, mit denen sie oft lange Zahlenkolonnen erst addieren oder subtrahieren, dann überprüfen und zuletzt irgendwohin übertragen mußten. Das dauerte, war riskant und hatte Aufmerksamkeit für die

Zahlen (statt für die Kunden) verlangt – aber das war jetzt vorbei. Jetzt gab es ein Gerät, in das sich Ziffern eingeben ließen. Man konnte durch einen einfachen Knopfdruck die früher mühsamen Rechenoperationen fast geräuschlos und in Sekundenbruchteilen ablaufen lassen, und zwar auch dann, wenn man nicht das Geringste von der Mechanik der Dinge und erst recht nichts von den Regeln der Elektronik verstand.

Es wurde damals klar: Der Computer änderte die Arbeitswelt, wie jeder merkte, der auf Reisen ging und zum Beispiel Sitzplatzkarten reservieren wollte. Das erste, was dem Lehrer auffiel, war eine Gefahr, nämlich die, daß man eventuell elementare Fähigkeiten wie das Kopfrechnen erst reduzieren und dann ganz verlernen könne. Doch wichtiger als dies kam ihm die Chance vor, die ein Computer bietet, wenn er einem Menschen unangenehme und unbefriedigende Aufgaben abnimmt. Die so befreite oder erleichterte Person könne doch – so die Ansicht und die Hoffnung des Lehrers – jetzt seine Aufmerksamkeit stärker direkt dem Kunden zuwenden. Manch einer mußte lange in einer Schlange warten, bevor er an die Reihe kam. Jetzt hatte er es geschafft und ein freundliches Lächeln verdient. Der Computer könne den Menschen die Zeit dafür geben, meinte der Lehrer, der natürlich wußte, daß dies nicht passierte. Um dies zu erläutern, wies er uns auf ein merkwürdiges Phänomen hin: »Seit man fahrend schneller von einem Ort zum anderen kommt, hat man dort selbst weniger Zeit.« Der Computer scheint dieselbe Wirkung wie das Auto zu haben, denn seit der Postbeamte seine Rechenaufgaben schneller erledigen kann, hat er weniger Zeit für die Kunden. »Er hat nicht *weniger* Zeit«, meinte der Lehrer, »er hat *mehr*, er *nimmt* sich nur weniger.« Dann ließ er uns in Ruhe, um seine Sätze zu bedenken.

15

Das Interesse kennt keinen Feierabend.

Der Lehrer machte uns früh auf einen Unterschied aufmerksam, der mit dem Begriff des Feierabends zu tun hatte, das ein unübersetzbares deutsches Wort zu sein scheint. Die tätige Menschheit sehnt sich nach Feierabend. Er ist das Ziel aller Bemühungen. Man strebt in den Kegelclub »Zerstreuung« oder rennt in seinen Schrebergarten, öffnet dort seine Bierflasche und freut sich auf den Feierabend (was man auch daheim vor dem Fernsehgerät machen kann).

Das könne er gut verstehen, meinte der Lehrer, wenn es Menschen betreffe, die kaum eine innere Beziehung zu ihrem Beruf entwickelten und deren geistige Interessen ganz woanders als dort liegen müßten, wo sie den ganzen Tag zu tun haben. In diesem Zusammenhang zitierte er gerne den von Marx bei Hegel entlehnten Begriff der »Entfremdung«, dessen historische Bedeutung nicht zu bestreiten war, was aber an dieser Stelle unnötig wuchtig wirkte.

Denkende Leute dächten nicht an Feierabend, so der Lehrer. Ihr Interesse lasse ihnen keine Zeit dazu. Es gebe immer etwas, daß sie noch nicht wüßten und erfahren müßten. »Der wissenschaftliche Mensch ... kann nicht nicht wissen wollen«, wie ich es später als Student im »Mann ohne Eigenschaften« bei Robert Musil gelesen habe. Diese Richtung hatte unser Lehrer schon eingeschlagen: Wer sich auf Philosophie oder Literatur oder Musik oder Bildende Kunst einlasse, sehe sich einem endlosen Feld voller Vergnügen und Herausforderungen gegenüber, bei denen einem alles Mögliche einfalle, nur nicht das Wort Feierabend. »Kunst kommt von Müssen«, zitierte er den Komponisten Arnold Schönberg. Tatsächlich sprach der Lehrer an dieser Stelle auch vom Fluch des Denkens, das man nicht mit dem Klingelzeichen am Ende der Stunde abschalten oder beruhigen könne.

Er hat dieses Thema immer wieder behandelt, ohne daß ich seine einzelnen Formulierungen noch in Erinnerung habe. In meinem Gedächtnis hat sich bei diesem Thema ein weiterer Satz aus dem erwähnten Roman von Musil eingenistet, den ich in den 1970er Jahren gelesen habe. Demnach laufen nicht die Menschen hinter der Wahrheit her. Vielmehr ist es die Wahrheit, die ihnen nachstellt.

Das Wissenwollen ist folglich eine Sucht, eine Leidenschaft, und da gibt es keinen Feierabend. Wir sollten nur ab und zu Pausen einlegen, um nicht aus dem Gleichgewicht zu kommen.

16

Dumm sein und Arbeit haben,
das ist das Glück – aber nicht nur.

Der erste Teil des Satzes steht bei Gottfried Benn, und also gehört er eigentlich zum Schulstoff (und demnach nicht hierher). Der Lehrer zitierte ihn immer mal wieder gerne, um uns die Schwierigkeit anzudeuten, die es für nachdenkliche Menschen bedeute, in ihrem Leben Glück zu empfinden. Glück sei für sie immer etwas Gewesenes, meinte er in Anlehnung an eine andere Gedichtzeile (von Josef Weinheber), und wenn sich Intellektuelle darüber ihre Gedanken machten, fielen ihnen die vielen unerledigten und unverstandenen Themen ein, über die noch endlos nachzugrübeln sei.

Glück sei etwas anderes, nämlich dumm sein und Arbeit haben – eine Behauptung, die wir jedenfalls besser verstehen konnten als den Vorschlag, den Albert Camus in Hinblick auf den beklagenswerten Sisyphos aus der griechischen Sage gemacht hat, der bekanntlich dauernd mit großen Mühen einen Stein auf einen Gipfel wälzt und ihn danach stets wieder nach unten rollen sieht. Nach Camus muß man sich Sisyphos als glücklichen Menschen vorstellen, was uns absurd vorkam, aber das beschäftigte uns bzw. verstanden wir erst in der Oberprima.

Jetzt lasen wir Benn, und der Lehrer legte die Betonung auf das Dummsein, und das bereitete mir aus zwei Gründen schlechte Laune. Zum einen wurde ich neidisch auf die Verwandten und einige Freunde, die genau den von Benn beschriebenen Zustand erreicht hatten – mit Bier zum Feierabend und Fußball zum Firmenjubiläum und einem Prosit der Gemütlichkeit –, ohne daß ich mich deren gewöhnlicher Schunkellaune anschließen konnte. Zum anderen mußte man anscheinend – oder scheinbar? – wählen zwischen dem Glück und dem Dummsein. Konnte man überhaupt wählen? Wenn man dumm war, konnte man es nicht, weil man dumm war; und wenn man klug war, konnte man es nicht, weil der Satz von Benn klug war. Was also konnte man? Das fragten wir den Lehrer. Der lächelte, murmelte etwas von anderen Möglichkeiten des Genießens und sagte, er empfinde Momente des Glücks, wenn er solche Sätze lesen und bedenken könne. Nach diesen Augenblicken müsse man suchen. Wer wisse denn, ob sich nicht einer von Dauer finden lasse.

17

Nicht auf die Stimmung kommt es an, sondern auf die Gestimmtheit.

Auf die Stimmung komme es an, so hört man es immer wieder, selbst in den Nachrichten unserer Tage, wenn wir ängstlich die Antwort auf die Frage erwarten, wie die Stimmung in der Wirtschaft ist. »Stimmung« war auch vor mehr als vierzig Jahren ein Schlagwort, mit dem man gute Laune verbreiten wollte, und es war ein gewichtiger Vorwurf, wenn jemandem vorgehalten wurde, er verschlechtere die Stimmung oder vermiese sie gar.

Mit dieser Art von Stimmung wollte unser Lehrer leider gar nichts zu tun haben. Er räumte natürlich ein, daß jeder Mensch schwankenden Stimmungen unterworfen sei und man nicht nur immer lustig sein, sondern ab und zu auch einmal Trauer spüren könne. In diesem Zusammenhang erwähnte er – sicher nicht nur nebenbei –, daß ihm Leute verdächtig erschienen, die immer nur strahlend und grinsend anzutreffen seien. Permanente Fröhlichkeit sei erstens unerträglich und zweitens unproduktiv. Zum Menschen gehöre vielmehr die

Sorge – ein Thema, das genauer erst viel später zur Sprache kam, als wir am Ende von »Faust II« angelangt waren und die Sorge durch das Schlüsselloch gekrochen kam –, und diese Einsicht lasse eine melancholische Nachdenklichkeit als humane Grundhaltung angemessener erscheinen.

Ich erinnere mich noch an das schöne Wort von der Melancholie, das ich damals zum ersten Mal hörte und heute noch gerne ausspreche. Als ich dem Lehrer mein Entzücken beichtete, meinte er, solch eine Freude an Worten drücke so etwas wie eine Gestimmtheit aus, was viel wichtiger sei als die jeweilige Stimmung, an der man teilhaben solle (oder manchmal gezwungenermaßen müsse). »Gestimmtheit« – wieder ein schönes Wort, das ich zum ersten Mal hörte und heute noch genußvoll mit meinem Mund forme. Ich bin überzeugt, daß es so etwas gibt wie die Gestimmtheit eines jeden Einzelnen, und man nur Mut haben muß, sich auf sie zu besinnen, unabhängig von den jeweiligen Stimmungskanonen, die um uns herum brüllend den Ton angeben. Während die Stimmung rasch abbricht, schwingt die Gestimmtheit in einem Menschen lange nach.

18

Scheinbar meint scheinbar dasselbe
wie anscheinend.

In dem Roman »Die folgende Geschichte« läßt der Autor Cees Nooteboom einen Lateinlehrer einen Satz aus einer Ode von Horaz übersetzen: »Was wird nicht von der Zeit zerstört?«, so drückt er ihn auf deutsch aus, obwohl im Original das Wort »Zeit« nicht vorkommt. Dort ist von einem Tag – lateinisch »dies« – die Rede, und der Lehrer wird gefragt, was er sich bei dieser Wortwahl gedacht habe. Er will überzeugend antworten und sagt, daß er »von der Singularform des einen Tages« erzählen möchte, »die für die Überfülle der Zeit stehen kann«. Leider kommt er nicht dazu, weil die Handlung in eine andere Richtung strebt.

Beim Lesen dieser Passage fiel mit sofort mein Lehrer ein, der beim Übersetzen gerne ähnliche Gedanken äußerte und uns schon früh auf den Wiener Schriftsteller Karl Kraus hingewiesen hat, der diese Tätigkeit mit einem Bindestrich oder in zwei Worten schrieb, was dann eine Art Befehl ergab: Üb ersetzen!

Wir lernten, daß man Wörter nicht übersetzt, sondern ersetzt, um die Bedeutungen zu erhalten, die sie ausdrückten und auf die es ankam. Wer das gut machen wolle, müsse natürlich die Bedeutung von Wörtern genau kennen, und da gebe es eine Menge Feinheiten, die oft unbeachtet blieben. In der öffentlichen Rede gehe es zum Beispiel hoffnungslos mit »anscheinend« oder »scheinbar« durcheinander (und das trifft bis heute zu). Dabei dürfe man auf keinen Fall das eine durch das andere ersetzen. »Scheinbar« drücke nämlich aus, daß etwas nicht der Fall ist (es scheint nur so zu sein). »Anscheinend« lasse hingegen offen, was der Fall ist. Wenn jemand scheinbar lügt, sage er die Wahrheit. Wenn jemand anscheinend lügt, könne es sein, daß er die Wahrheit sagt.

Anscheinend befolge niemand die Regel, sagte der Lehrer, und fragte uns danach, ob sie dadurch überflüssig werde. Anscheinend ja, meinten wir. Nur scheinbar, meinte er, und fügte hinzu, daß man ja auch die Zahlen nicht abschaffe, nur weil immer weniger Leute rechnen könnten.

19

**Zu einer eigenen Meinung
gehört nicht viel; es kommt darauf an,
sie begründen zu können.**

Anscheinend oder scheinbar? Obwohl oder trotzdem? Zeitgleich oder gleichzeitig? Viele Fragen im Deutschunterricht, deren Subtilitäten vielen bald auf die Nerven gingen. Sie äußerten die Meinung, es gebe Wichtigeres zu lernen, was den Lehrer natürlich zu einer Replik veranlaßte, und ihm auch Gelegenheit bot, sich kurz allgemein dem Thema der eigenen Meinung zuzuwenden.

Wir lebten im Westen, und wir waren stolz auf das, was man lautstark Meinungsfreiheit nannte. Sie sei ein Wert an sich, aber manchmal nichts wert, wie der Lehrer hinzufügte. Das Problem liege darin, wie er sagte, daß es beliebig leicht sei, eine Meinung zu haben. An Stammtischen wimmele es so sehr von Meinungen, daß keine mehr etwas bedeute. Man könne der Meinung sein, der Lateinunterricht gehöre abgeschafft, man könne der Meinung sein, die Regierung mache die falsche Politik, und man könne unentwegt irgendeiner Meinung sein. Dabei komme es auf sie kaum an; wichtiger seien die Begründungen, die jemand für seine Meinung aufbieten könne, nur daß über sie kaum gesprochen werde. Im Westen zähle die Meinung, wie wir dem Osten dauernd zeigen müßten, und bei uns setze sich durch, wer sie nur laut von sich geben oder weit genug verbreiten könne.

Es ist mir nach der Schulzeit immer wieder aufgefallen, wie gefährlich die Fixierung auf die Meinung ist, und zwar gerade dann, wenn sie in aller Öffentlichkeit geäußert wird. Es geht scheinbar (siehe oben) alles ausgewogen und fair zu, wenn etwa ein Befürworter und ein Gegner der Gentechnik im Fernsehen ihre Meinungen austauschen bzw. Biowissenschaftler und Kreationisten in einer Talkshow über Evolution debattieren. Tatsächlich hat nur derjenige dabei eine Chance, der flotte Marketingsprüche auf Lager hat und mit ihnen seine Meinung kundtut. Ihr kann man nicht ansehen, ob sie auf Wissen beruht oder nur einer Laune und der Zeitstimmung entspringt. Im Medium der Information hat es eine Ansicht bzw. Einstellung, die auf Wissen basiert und Argumente benötigt, sehr viel schwerer, vor allem dann, wenn sie mit Folgen verbunden ist. Man will sie dann nicht bloß hinnehmen, man will sie wirklich einsehen. Doch die Medien räumen dafür nur wenig

Zeit oder Platz ein. In Gesprächsrunden machen die Moderatoren nämlich das, was sie vom Zuschauer befürchten – sie zappen durch die Gegend, wozu nicht viel gehört.

20

Jeder Einzelne kann sich nur deshalb
ein Auto leisten, weil die Autos
für alle gebaut werden.

Aus dem bisher Gesagten mag der eine oder andere Leser den Schluß ziehen, daß der Lehrer wenig Neigung zum Technischen gehabt hat. Das stimmt so nicht. Er bewunderte zum Beispiel die großen Eisenbahnen und nicht nur die. Er bestaunte das Eisenbahnnetz, versuchte den Schülern wenigstens eine grobe Ahnung von den Kosten zu vermitteln und erklärte uns, wie schwierig es seiner Einschätzung nach sei, eine neue Strecke durch hügelige und zerklüftete Landschaften zu bauen. Dann schwärmte er noch von Zugfahrten durch die Alpen.

Er liebte auch das Autofahren, wobei er als Lateiner den Hinweis nicht unterdrücken konnte, daß unsere Zeit es aufgegeben habe, vom Automobil zu sprechen – mit dem Schwergewicht auf den letzen beiden Silben. Offenbar rechne niemand mehr damit, wirklich mobil zu sein, wie er im Hinblick auf die damals bereits von vielen als dramatisch angewachsen empfundene Verkehrsdichte meinte. Wir seien nur noch Auto, also selbst, nämlich selbst schuld.

Das war ihm wichtig. Wenn sich nämlich jemand beschwerte, daß auf den Straßen zu viele Automobile bzw. Autos umherführen, dann wies er ihn erstens darauf hin, daß es all die Straßen und Tankstellen und Autobahnen und Parkplätze doch gar nicht gäbe, wenn nur er allein am Steuer säße. Das öffentliche Verkehrsnetz sei genau das, nämlich öffentlich, und da hinein habe man sich zu trollen. Und er fügte zweitens hinzu, daß sich unsereiner doch nur deshalb ein Auto leisten könne, weil die Autos für die vielen gebaut würden, die jetzt mit mir im Stau stünden, wie es heute heiße. (Der Lehrer hätte wahrscheinlich die Formulierung geschätzt, daß man nicht im Stau stehe, sondern den Stau mache bzw. daß man der Stau sei.)

Doch trotz aller Gleichmacherei beim Autofahren – dem Individuum bleibe immer noch genügend Spielraum, wie er meinte. Erstens müsse man nicht jeden Schritt mit dem Wagen fahren, zweitens könne man sich überlegen, wann die meisten Menschen unterwegs seien – das hänge von Geschäftszeiten und Arbeitsstunden ab –, und drittens führten selbst in Wuppertal viele Wege nach Rom.

21

Stille definiert sich durch ein Geräusch.

Rom – mit diesem Stichwort erlaube ich mir einen weiteren kleinen Zeitsprung in die Mitte der 1960er Jahre. Wir standen kurz vor unserer lange geplanten Klassenfahrt. Sie sollte nach Rom gehen, wobei ich an dieser Stelle nur beiläufig darauf hinweise – so lautete die Lieblingsformulierung des Lehrers, wenn er etwas sagen wollte, das nicht unbedingt an diese Stelle paßte, das ihm aber am Herzen lag –, daß er diese Reise (und die folgende nach Paris) auf eigene Kosten und in seiner Freizeit vorbereitet hatte. Das heißt, er hatte sich nach Schlafmöglichkeiten und ähnlichen Notwendigkeiten umgesehen und deren Reservierung an Ort und Stelle vorgenommen. Wieder daheim, war er sogar – ohne deswegen Unterricht ausfallen zu lassen – ins Kultusministerium gefahren, um unter Berufung auf Immanuel Kant zu erklären, warum Studienreisen nötig seien – nämlich um den in der Schule gelernten Begriffen die Anschauung hinzuzufügen, die erst beide zusammen die Erkenntnis brächten, auf die jeder Schulunterricht abziele.

Wir wohnten in einem Kloster etwas südlich vom Kolosseum und leicht mit öffentlichen Verkehrsmitteln zu erreichen. Die letzte Strecke mußte zu Fuß bewältigt werden, und dabei kamen wir an einem Fünf-Sterne-Hotel vorbei. »Um dort zu wohnen, braucht es nur Geld«, sagte der Lehrer. »Um in dem Kloster zu wohnen, braucht es Verständnis für die Kultur.«

Als wir dort ankamen, beeindruckte uns zuerst der Kreuzgang, und wer sich Zeit nahm und in ihm umherschritt, blickte durch doppelsträngige Säulen mit wechselnden Kapitellen auf einen grün umrahmten Brunnen, in dem ganz leise ein wenig Wasser vor sich hin plätscherte.

So rasch wie möglich brachte ich meine Tasche auf die Schlafstube und kehrte in den Kreuzgang zurück. Ich stand jetzt allein da und wartete. Dabei fühlte ich mich unsicher und glücklich zugleich. Eine völlig neue Welt, und so schön. Ich trat auf den Brunnen zu und stand eine Weile versunken dort. Als ich mich umdrehte, sah ich meinen Lehrer. »Merkst du was?« fragte er mich. »Spürst du, wie still es ist? Es wirkt hier nicht still, weil nichts zu hören ist, sondern gerade weil etwas unser Ohr erreicht – das Geräusch des Wassers nämlich. Stille wird durch Geräusche zugänglich und anschaulich.«

Ich kann mich auch vierzig Jahre später wieder in den Klostergarten versetzen und dem Brunnen nähern. Es wird dann ganz still, und ich bekomme eine Gänsehaut.

22

Man weiß nur, was man sieht.

Ich weiß, der Satz steht in der Literatur umgekehrt: Man sieht nur, was man weiß. Mit diesem Gedanken von Goethe werben Reiseführer, die betonen, daß es Dinge gebe, die man übersehe, wenn man nicht weiß, wo man suchen soll. In Rom zum Beispiel gebe es soviel zu sehen, daß man gar nicht alles finden könne. Der Lehrer erläuterte das mit dem Witz, in dem jemand einen Bewohner der ewigen Stadt fragt, wie lange man brauche, bis man Rom kenne. Das wisse er nicht, antwortete der Mann, er wohne erst seit ein paar Jahrzehnten hier.

Unabhängig davon – der Lehrer wollte etwas anderes als die Reiseführer und genau das sagen: Man kennt und versteht nur, was man auch gesehen hat, oder in knappster Form: Man weiß nur, was man sieht.

Mit diesen Worten gemeint ist das Wechselspiel, das zwischen den Sinnen (der Anschauung) und den Worten (dem Begriff) stattfinden kann und dann zum Wissen führt. Und er verschaffte uns diesen Zugang ganz persönlich und nicht nur dadurch, daß wir jetzt nach der Lektüre von lateinischen Texten dort standen, wo sie einst verfaßt worden waren. Er nutzte nämlich die Gelegenheit, sich auf dem Forum Romanum plötzlich auf einen Säulenrest zu stellen. Er verwies auf die vielen Ruinen und zitierte aus einem Gedicht von Brecht: »Von diesen Städten wird bleiben: der durch sie hindurchging, der Wind.«

So taucht dieser Moment immer wieder in meiner Erinnerung auf, und wenn ich überlege, warum mich diese Szene so beeindruckt hat, dann meine ich heute sagen zu können, daß sie mit den Gegensätzen zu tun hat, die in dem Text aufscheinen. Das Feste, das vergeht, das Flüchtige, das bleibt. Das Gegensätzliche gab es auch bei dem Brunnen mit Geräusch und Stille und überhaupt beim Wissen mit Begriff und Anschauung. Ein Sinneseindruck war so flüchtig und saß so fest. Ein Wort konnte einen packen und ergreifen und verwehte als Laut doch rasch. Vielleicht wird auch von den Menschen nur bleiben, was durch sie hindurchgeht. Dann stimmt es, daß wir Personen sind. Das kommt vom lateinischen »personare«, »durchtönen«, und meint das, was durch uns hindurchgeht. Der Mensch wird zur Person, wenn er sich öffnet und etwas durchläßt – ein Gedicht zum Beispiel.

Ein Mensch, der seine Augen öffnet, sieht etwas. Wenn er sich dabei dem Angeschauten öffnet, weiß er etwas. Tatsächlich: Man weiß nur, wenn man etwas gesehen hat.

23

Brot bricht man, man beißt nicht hinein.

Bleiben wir noch auf der Studienfahrt, bei der natürlich dafür gesorgt werden mußte, daß die Knaben ihren Hunger stillen konnten. Der Lehrer erläuterte für alle Fälle, wie man das billig erledigen könne, wenn man auf eigene Faust unterwegs ist – er nannte uns zum Beispiel Adressen von Selbstbedienungsrestaurants und verwies auf die damals noch nicht so weit wie heute verbreiteten Fast-Food-Angebote, die bei uns noch Schnellimbißketten hießen. Das zweite tat er nur mit einem qualvollen Blick. Zwar hatte er nichts gegen billiges Essen, aber er sah in der Ausbreitung einer vereinheitlichten Eßkultur genau das nicht mehr, nämlich Kultur. Wenn er noch hätte erleben müssen, daß es neben der Spanischen Treppe nun dieselben Hamburger wie in aller Welt gibt – es hätte ihm mißfallen.

Wie gesagt und bekannt: Essen hat nicht nur mit Sättigung, sondern auch mit Kultur zu tun, und auf sie wies der Lehrer unter anderem dadurch hin, daß er empfahl, in Italien nicht nach deutscher

Küche zu suchen. Besonders in Erinnerung geblieben ist mir sein Hinweis, den er beim Gemeinschaftsessen in einem römischen Kloster gab, als er uns auf das Brot hinwies, das zur Suppe gereicht wurde und in das ich fröhlich hineinbeißen wollte, wie ich es zu Hause gewöhnlich machte. »Brot beißt man nicht, man bricht es«, sagte der Lehrer freundlich, als er mich bei meinem Tun erblickte, und er erfaßte dabei sowohl den religiösen Hintergrund als auch die italienische Tradition des Essens in Gemeinschaft.

Seit dieser Zeit hantiere ich stets vorsichtig mit dem Stück Brot herum, das mir ein Kellner oder ein Tischnachbar auf den Teller legt, und bekomme dabei immer das Gefühl, bei seinem Zerteilen an etwas teilzuhaben.

Der Lehrer erzählte dann nach dem Essen noch weiter vom Brot und wies auf zahlreiche Wendungen hin, in denen es vorkommt – vom täglichen Brot, um das man im Gebet bittet, bis zu der Kombination »Brot und Spiele«, die bekanntlich bis in unsere Tage hinein funktioniert. Ihm hätte der Spielfilm »Brot und Tulpen« gefallen, und wir wären von ihm auf den italienischen Originaltitel hingewiesen worden, »Pane e tulipane«. Brot bleibt etwas Besonderes, deshalb soll man sich Zeit lassen, bis man es vertilgt. Vorher kann man es brechen.

24

Aktiv sein, nicht Aktivismus zeigen.

Wie niemanden überraschen wird, empfahl der Lehrer seinen Schülern bei Klassenfahrten, sich ruhig ab und zu einmal auf eigene Faust durch die große Stadt zu bewegen. Er ermunterte uns stets, aktiv zu sein, allerdings nicht, ohne uns vorher (und nachher) den Unterschied zwischen Aktivität und Aktivismus zu erklären. Wer etwa durch eine Bibliothek rennt, überall Bücher anfaßt und wieder zurückstellt, zuletzt sogar welche ausleiht und mit nach Hause nimmt, sie dort erst stapelt und dann aufstellt, um sie irgendwann einmal wieder zurückzubringen – der habe zwar eine Menge gerackert, das sei jedoch bloß Aktivismus. Aktiv wäre er gewesen, wenn er intensiv in einem Buch gelesen und die für ihn wichtigen Aspekte notiert und verarbeitet hätte.

Der Lehrer sagte uns, er verstehe, wenn sich Schüler durch Aktivismus beliebt machen wollten, und er finde es auch sympathisch, wenn da mit Büchern oder anderen Schulgegenständen hantiert werde. Doch eigentlich sei es Zeitverschwendung –

und zwar vor allem für die Aktivisten selbst. Die kleinste Aktivität – eingesetzt etwa zum Auswendiglernen eines Gedichtes – bringe mehr als der größte Aktivismus.

An diese Unterscheidung muß ich heute immer wieder denken, wenn ich Vorträgen zuhöre, die mit den vorgefertigten Folien wie der Sorte Powerpoint durchgezogen werden. Man wird von einer Menge Aktivismus überschüttet und sehnt sich nach ein wenig Aktivität in der Gedankenführung, auf die zu achten sich lohnt.

Aktivismus benötigt ein Umfeld, das einfach da ist und ohne eigenes Zutun vorgefunden wird. Aktivität benötigt ein Ziel, das man sich selbst gesetzt hat. Darum geht es gerade, um diese Vorgabe, die man sich vorgenommen hat und mit der man sich selbst verwirklichen kann. So konnte man in den frühen 1960er Jahren noch sagen. Danach änderte das Wort »Selbstverwirklichung« seine Bedeutung. Aus einer ehrwürdigen und lohnenden Aktivität wurde ein alberner und billiger Aktivismus. Daran brauchte man sich nicht zu beteiligen.

25

Wer sich in einem Badeort
im Winter amüsieren kann,
der weiß etwas mit sich anzufangen.

Nur tote Fische schwimmen mit dem Strom, wie es so schön ganz allgemein heißt. Wer konkret eigene Wege gehen will, kann ja einmal versuchen, in einem für den Sommer aus- und angelegten Badeort den Winter zu verbringen. Was macht man etwa an den Küsten, wenn die Touristen weg und die für ihr Amüsement vorgesehenen Einrichtungen geschlossen sind – wie übrigens auch die meisten Hotels und Restaurants?

Der Lehrer kannte einen holländischen Maler, dessen Bilder er gerne anschauen und mit dem Künstler besprechen wollte. Dieser wohnte in der Nähe eines Ferienorts und bot dem Lehrer Gespräche im November an. Nun gab es zwei Herausforderungen – die mit der Kunst und die mit sich selbst. Der Maler wollte nicht jeden Tag über seine Arbeit sprechen, und so gab es Zeit, sich dort umzuschauen bzw. umzutun, wo im Winter Leere herrschte, nachdem ein paar Monate zuvor noch das übliche ausgelassene Strandleben geführt worden war. Der Lehrer erzählte uns von dieser Situation, um allgemein zu besprechen, was jemand mit sich anfängt, wenn niemand anderes es tut.

Das war ihm wichtig – etwas mit sich selbst anfangen zu können, nicht einfach irgendwo bei irgendetwas mitmachen, sondern planen, was man mit seiner Zeit anfangen will. »Die meisten Menschen meinen, ihr Problem sei, daß sie keine Zeit hätten«, sagte er. »Dabei fängt ihr Problem genau dann an, wenn sie Zeit haben.« Vorher hat sie jemand für mich gefüllt, und an dieser Stelle bestand wieder Gelegenheit, von »Fremdbestimmung« zu sprechen. Jetzt steht die Zeit als Freizeit zur Verfügung, und – wie Erich Kästner gedichtet hat und wie der Lehrer uns vortrug: »Die Freiheit, da ist keine Not. / Wohin man schaut, schlägt wer sie tot. / Doch wie die Freizeit totzuschlagen, / muß man den Leuten eigens sagen.«

26

Auch Sehen muß man lernen.

Es kann lange dauern, bis man den Anfang der Schlange erreicht hat, um endlich in ein Museum hinein- und vor die großen (oder kleinen) Kunstwerke treten zu können. Wenn es soweit ist, stellt sich die Frage, wie man damit umgeht und was man jetzt anfängt. Auf keinen Fall mehr in ein Buch schauen, wenn man vor dem Werk steht, sagte der Lehrer. Die Augen aufmachen und sich dem Wahrnehmen überlassen. Allerdings: »Sehen ist nicht einfach, es muß gelernt werden«, wie er betonte. Und das klang zunächst komisch. Was heißt das, »Sehen muß man lernen«? Gibt es vielleicht irgendwo eine »Schule des Sehens«?

Tatsächlich – so etwas gibt es, selbst wenn man darunter nur Bücher mit diesem Titel meint. Sehen meint in dem hier dargestellten Zusammenhang mehr als die Aufnahme von Licht durch die Augen. Das ist nur die notwendige Bedingung, mit der das Sehen beginnt. Darunter wird jetzt eine bewußte Wahrnehmung verstanden, die uns zum Wissen lockt und zuletzt zu ihm führt. Beim Sehen, sagte der Lehrer, müsse man etwas merken oder spüren – eine Proportion, eine Spannung, einen Bewegung, die das Kunstwerk in einem Moment zum Ausdruck bringt.

In einem Bild oder in einer Statue stehe die Zeit still. Wir sähen nur einen Augenblick – plötzlich verstand ich, daß das ein Wort mit zwei Bedeutungen ist –, und könnten uns fragen, was für einer das sei. Wenn wir auf ein Kunstwerk schauen, sollten wir sehen, was vor dem festgestellten Augenblick war und was nach ihm kommt. Dann würden wir immer wieder hinschauen. Ob ein Kunstwerk gut ist, zeige sich unter anderem an der Wahl dieses Augenblicks, und wir müßten lernen, das zu sehen. Dann würden wir anfangen, das Sehen zu lernen.

Als er das erklärte, standen wir in den Vatikanischen Museen vor der Statue, die Laokoon mit seinen Söhnen zeigt, wie sie von einer Meeresschlange erdrückt werden. Der Mund des Priesters war nur leicht geöffnet. Wir sahen beeindruckt, daß er schreien wollte.

27

Wer von der Masse spricht, gehört dazu.

Wer in Rom ins Vatikanische Museum möchte, wer in einem Stau steht, wer keinen Platz in überfüllten Zügen findet oder wer irgendwo in einer Schlange steht und seine Zeit verplempert, der gerät bisweilen in Versuchung, auf die Masse der Menschen zu schimpfen, die ihm da im Weg stehen. »Wir alle gehören zur Masse«, machte uns der Lehrer klar, der sogar noch eins draufsetzte. »Masse meint zunächst eine Menge, also eine Quantität. Das Wort drückt aber auch eine Qualität aus, und zwar eine schlechte.« Klar, wer findet schon etwas Gutes an einem Massenansturm auf Massenware? Und trotzdem – gerade wer das Wort Masse in der zweiten Bedeutung benutzt, reihe sich in sie ein, meinte der Lehrer. Er wollte uns damit nicht klein machen, sondern ermutigen, rücksichtsvoll zu sein.

Niemand möchte in der Masse untergehen, wie es heiße, und jeder hoffe darauf, aus einer Masse herausragen zu können. Doch dazu reiche es nicht, auf die anderen hinabzublicken. Dazu müsse man sich hocharbeiten, und dieses Streben fange am besten mit der Einsicht in die eigene Unzulänglichkeit an.

Zu den Lieblingssätzen, die der Lehrer in diesem Zusammenhang gerne anführte, gehörte folgende Anmerkung: »Wenn das gesamte Wissen so groß ist wie ein Körper, dann schafft jeder von uns vielleicht gerade den Nagel des kleinen Fingers der linken Hand, aber nur, wenn er fleißig genug ist.« Er wollte damit verhindern, daß wir irgendwann auf den Gedanken kämen, etwa dem Metzger oder dem Gemüsehändler gegenüber den großen Gelehrten 'rauszuhängen, nur weil wir ein paar Lateinvokabeln behalten hatten und Geschichtszahlen auswendig wußten.

Was die Masse angeht, so wies er uns auf das Unheimliche von Massenphänomenen hin, wenn Menschen plötzlich eine Gruppe bildeten, in ihr aufgingen, sich mitreißen ließen und ihre Individualität aufgäben. Man müsse schon stark sein, um dem Sog standzuhalten und sich selbst zu behaupten. Dazu müsse man sein Haupt erheben, wie das Wort uns zeige, und das könne gefährlich sein und erfordere Mut. Den müsse man aufbringen, und das gelte es zu lernen – auch wenn dies Zeit brauche. Doch welches Gute braucht die nicht?

28

Pantoffeln statt Stiefel – dann wäre uns das Dritte Reich erspart geblieben.

Es gibt viele Menschen, die in Berufen arbeiten, in denen mehr oder weniger aufdringlich und offensichtlich Uniformen getragen werden – Bahnbeamte, Kellner und Polizisten zum Beispiel. Als wir zur Schule gingen, trugen einige von ihnen dazu noch Stiefel, unter anderem Busfahrer. Eines Tages wollten wir zusammen mit dem Lehrer in einen Omnibus steigen, um ein Museum zu besuchen. Da wir für das Einsteigen wenig Zeit brauchen wollten, versuchten wir es auch bei den Türen, die sonst dem Aussteigen vorbehalten waren (wovon in dem Augenblick niemand Gebrauch machte). Dabei kamen einige von uns vorn an dem Busfahrer vorbei, den das ungeheuer aufregte. Er erhob sich von seinem Sitz, baute sich breitbeinig – wie in einem schlechten Film – mit den Armen in die Hüften gestemmt vor uns auf und brüllte, daß wir gefälligst dort einsteigen sollten, wo das entsprechende Zeichen angebracht sei.

Der Lehrer sagte erst nichts und wartete ab, bis

sich das Gefährt in Bewegung gesetzt hatte. Dann erläuterte er uns mehrere Dinge auf einmal – nachdem er uns vorgeworfen hatte, bei dem ganzen Vorgang nicht genügend Disziplin gezeigt und zu viel Lärm verursacht zu haben. Er fand es zum einen nicht falsch, auch dort einzusteigen, wo sonst nur ausgestiegen wird – wenn die Möglichkeit dazu besteht und niemand behindert wird. Er merkte zum zweiten an, daß Brüllen im zivilen Rahmen eher abstoßend wirke und den Eindruck erwecke, dem Brüllenden fehlen die Argumente. Und er fügte drittens hinzu, daß wir hier auf eigentümliche Weise lernen könnten, was Gottfried Keller ge- und beschrieben habe: »Kleider machen Leute.« Wenn der Busfahrer – so der Lehrer – ohne Uniform und ohne Stiefel dastünde, würde er wahrscheinlich freundlicher zu uns sprechen. Dann machte er eine Pause, aber nur, um danach seinen eigentlichen Gedanken zu präsentieren. »Die Stiefel«, sagte er, »Männer mit Stiefel sind anders als Männer in Pantoffeln, vor allen Dingen deutsche. Wenn es vor 1933 eine Anordnung gegeben hätte, daß Deutsche nur in Pantoffeln herumlaufen dürfen, wäre uns die Katastrophe der Jahre bis 1945 erspart geblieben.«

Der Lehrer selbst trug übrigens mit Vorliebe italienisches Schuhwerk, möglichst leicht.

29

Wer etwas vorträgt, muß es so einrichten, daß er den Vorletzten noch erreicht.

»O sprich mir nicht von jener bunten Menge, / Bei deren Anblick uns der Geist entflieht.« So jammert der Dichter im »Vorspiel auf dem Theater«, das Goethe seinem Faust-Drama vorausschickt und noch vor dem »Prolog im Himmel« aufführen läßt. Die Menge ist das Publikum, von dem der Theaterdirektor gerne sieht, daß es massenhaft kommt und sich »um ein Billet … die Hälse« bricht. Der Lehrer zitierte oft – und nicht immer ironisch – aus diesen Versen. Wir auf den Schulbänken waren dann die Menge, bei deren Anblick ihm der Geist entfloh, und er hatte sicher in manchen Morgenstunden recht, wenn er sich ärgerte. Er beschimpfte uns dann aber nicht nur und beklagte sein vergebliches Bemühen, der fortschreitenden Verdummung Einhalt zu gebieten – so lautete eine seiner Lieblingswendungen, die er jedoch nur mit einem ermutigenden Unterton äußerte –, er fragte sich und uns auch, wie man eigentlich den Stoff vermitteln solle. Wie weit könne man gehen? Wie viele Details seien von Interesse? Welche Gedankentiefe solle man ausloten? Und wovon hingen die Antworten auf diese Frage ab?

Seiner Ansicht nach durfte man weder zuwenig noch zuviel von einer Klasse – oder überhaupt von einer zu unterrichtenden oder zuhörenden Gruppe von Menschen – erwarten. Wenn jemand ein Maß wissen will, so sagte er, dann strebe er für sich an, daß der Vorletzte noch versteht, was gemeint ist. Es werde immer einen – den Letzten – geben, an dem alles Gesagte vorbeigehe. Den habe er nicht im Blick, den gebe er als Pädagoge schon vor dem ersten Wort verloren. (Wir fragten uns natürlich in unserer Dummheit, wen aus der Klasse er wohl gemeint haben mochte.) Doch der Vorletzte, der sei wichtig, und den erreiche man als Lehrer oder Vortragender nur, wenn man sich nicht nur über sein Thema, sondern auch über »die Menge«, von der der Dichter spricht, Gedanken gemacht und dabei gefunden habe, daß man zu ihr gehöre. Was denn sonst? Es gebe Themen, da könne man nur hoffen, selbst nicht der Letzte zu sein.

30

Es kommt nicht darauf an, modern zu sein;
es kommt darauf an, gut zu sein.

»Es gibt kein älteres Schlagwort als ›modern‹. Wir leiden unter einem Modernitätskoller.« So wetterte der Lehrer gerne, wenn jemand etwas deshalb lobte, weil es modern sei – die moderne Inszenierung einer Oper von Mozart zum Beispiel. »Modern – das kann eine Frisur oder eine Hose sein«, ließ er sich vernehmen. »Wenn die Kultur gemeint ist, dann will ich nur wissen, ob etwas gut ist. Das Moderne ist gut, wenn es gut ist. Es ist nicht gut, nur weil es modern ist.«

Diese Worte aus den 1960er Jahren klingen mir bis heute im Ohr, wobei sich das Hauptwort geändert hat. Heute ist nämlich nicht mehr die Moderne modern, heute ist das Neue modern, und die spätlateinische Form des Wortes – also die Innovation – drückt allen Festreden ihren Stempel auf. Es kommt offenbar vor allem darauf an, daß wir innovativ sind, daß es etwas Neues gibt. Niemand fragt mehr, ob erstens das Neue auch gut ist und ob zweitens diese Anbetung des Neuen überhaupt gut ist. Der Lehrer wies bei seinen Anmerkungen zum Modernen darauf hin, daß wir seit mehr als 1500 Jahren jede Gegenwart als modern bezeichneten – mit der Folge, daß es mehr Moderne gebe, als wir aushalten könnten. Ebenso klar sei natürlich, daß wir nur das Alte vermehrten, wenn wir nur das Neue gelten ließen. Jedes Neue sei bald das Alte, und so verschwinde jeder Sinn aus den Begriffen, die so viel bedeuten könnten. Aus »modern« (mit betontem e auf der zweiten Silbe) werde rasch »modern« (mit betontem o vorn).

Unter dem gegebenen Verständnis des Modernen braucht nicht erläutert zu werden, wie albern dem Lehrer der Begriff einer postmodernen Zeit vorgekommen wäre. Ihm hätte das Bonmot gefallen: »Wir brauchen keine Postmoderne, wir brauchen eine moderne Post.« Bei der könnte man nämlich genau sagen, was sie modern macht, nämlich die Computer und andere elektronische Hilfen. Wenn jetzt das Personal noch so hilfreich und freundlich wird, wie es die Menschen doch ihrer Natur nach sein können, wird die Post auch gut, und dann gehen wir gerne dorthin, wohin wir gehen müssen.

31

Was hat die Welt jemals anderes getan, als sich zu ändern?

Wer kennt sie nicht, die unsäglichen Sprüche, die einem unentwegt aus Fest- oder anderen Reden entgegentönen: »In unseren sich ach so schnell wandelnden Zeiten ...« oder »In der sich dauernd verändernden Welt ...« und immer so ähnlich. »Hat denn die Welt jemals etwas anderes getan, als sich zu ändern?« So fragte der Lehrer nicht nur rhetorisch, um zunächst das Nichtssagende all der Reden anzuprangern und danach die Gelegenheit zu nutzen, auf den berühmten Satz von Karl Marx einzugehen, demzufolge die Philosophen ihre Zeit damit verschwendet hätten, die Welt immer nur verschieden zu interpretieren. Worauf es ankomme, sei, sie zu verändern, meinte Marx.

In vielen – und zu kurzen – Wiedergaben laute der Gedanke von Marx, daß es nicht darauf ankomme, die Welt zu verstehen; es sei vielmehr wichtig, die Welt zu verändern. Und dagegen protestierte der Lehrer. Ihm schien es vorrangig, sich um Verständnis zu bemühen. Wir sollten doch inzwischen wissen, daß wir nichts wüßten. Wie könne man sich erdreisten, das, was man nicht kenne, gezielt anders zu machen? Dann wäre es doch nur wieder etwas, das man nicht kenne. Wer etwas mit genauer Vorgabe anders machen wolle, muß die Frage beantworten können: »Anders als was?« Doch genau dazu ist der, der sich auf Marx berufe, ja nicht in der Lage. Und daß die Welt allein dadurch anders werde, daß es uns gibt, darüber brauchten wir uns keine Sorgen zu machen. Die Welt habe schließlich nie etwas anderes getan, als anders zu werden.

An dieser Stelle tauchte – wie bei jeder sich bietenden Gelegenheit – der Hinweis auf einen antiken Philosophen auf. In diesem Fall war es Heraklit mit seiner Einsicht, daß alles im Fluß sei. Panta rhei, wie der Lateiner sagen würde (so der Lehrer ironisch, wenn er die griechischen Worte an die Tafel schrieb). Man werde dauernd ein anderer, nach jeder Schulstunde, nach jedem Tag. Man werde solange ein anderer, bis man bei sich angekommen sei. Das könne dauern, was aber nichts mache. Große Dinge brauchten ihre Zeit.

32

Die meisten Studienreferendare stellen das Denken ein, wenn sie Beamte geworden sind.

Ich gebe zu, der Satz ist böse. Ich kann ihn eigentlich nicht rechtfertigen und verfüge über keinerlei empirische Evidenz für ihn. Er gehörte aber zu diesem Lehrer und dessen Unterricht, und ich sollte schnell hinzufügen, daß die Kollegen in seiner kühnen Behauptung nur als *pars pro toto* auftauchten. Viele Menschen schienen ihm zu vergessen, was sie können, nachdem sie ihr Ziel erreicht hatten. Sie ließen sich dann bequem auf einem Faulbett nieder, und das wurmte ihn, weil jetzt so viel Zeit verplempert wurde, die sich sinnvoll nutzen ließ.

Der Lehrer glaubte ganz sicher nicht, daß die Berufsgruppe, der er angehörte, ungewöhnlich war, nur kannte er sich in ihr aus nahe liegenden Gründen besser aus, und wenn er uns erzählte, was ihn ärgerte, dann ging es eben zumeist um Referendare und Studienräte. Wäre er Arzt gewesen, hätte er bemerkt, daß die meisten Ärzte ihr Interesse an der

Wissenschaft verlieren, wenn sie erst einmal die Kassenzulassung haben.

Um konkreter zu werden: Der Lehrer konstatierte zu seinem Leidwesen, daß zum Beispiel Deutschlehrer jedes Interesse an Romanen verlören und Philosophielehrer nicht nach neuen Schriften von Mitgliedern ihrer Zunft suchten, nachdem sie die Beamtenurkunde überreicht bekommen hätten. Dann kümmerten sie sich vor allem um ein Reihenhäuschen, um ein neues Auto, um Reiseziele für die Ferien und ähnlich wichtige Dinge.

Es gehörte zwar nicht zum Schulstoff, aber wenn ein neuer Roman – damals unter anderem von Heinrich Böll oder Max Frisch – in die Buchhandlungen kam oder wenn es eine neue Schrift von Theodor W. Adorno gab, dann erwähnte der Lehrer dies als ein Kulturereignis, äußerte sich kurz zu dem bald Gelesenen und wunderte sich, wie wenige seiner Kollegen da mitzögen. »Die Auflage eines geglückten Romans müßte mindestens so hoch sein wie die Zahl der Deutschlehrer«, wie der Lehrer meinte, um uns dann mit einigen Zahlen die jämmerliche Leselust der Pädagogen vorzuführen. Er verstand auch nicht, warum er keinen Physiklehrer finden könne, der gelesen hatte, was Werner Heisenberg über Goethes Farbenlehre geschrieben hatte.

Apropos Adorno: Von einigen seiner Texte – etwa dem »Jargon der Eigentlichkeit« – schwärmte der Lehrer, ohne daß er uns die Lektüre empfahl. Wir erfuhren aber, daß das W. in Adornos Namen für »Wiesengrund« stehe, und so konnten wir uns im Jahr des Abiturs über etwas freuen. Wir verstanden nämlich, warum Thomas Mann in seinem »Doktor Faustus« ein musikalisches Motiv aus einer Sonate von Beethoven (mit den Noten d-g-g) erst als »Liebesleid« und als »Wiesengrund« anklingen läßt. In diesem Detail steckte wirklich der Teufel.

33

Bei den meisten Menschen
hört das Interesse an Kultur (oder Politik)
auf, wenn die Sportschau beginnt.

Der Lehrer ging zwar ganz in der Kultur auf und bezog alles Öffentliche auf eine dazugehörige Relevanz, er blieb zuletzt jedoch eher pessimistisch in dem Sinne, daß er nicht glaubte, Kultur oder die Sehnsucht nach ihr würde bei Entscheidungen kurz- und langfristiger Art eine Rolle spielen. Er teilte uns zum Beispiel seine Ansicht mit, daß Eltern ihre Kinder – also uns – nicht auf das Gymnasium schickten, damit wir uns im Kulturellen auskennten und tummeln könnten. Daß wir hier säßen und über Großkreisen und Großschreibung schwitzten, so bekamen wir oft zu hören, habe mehr mit Prestige und Gehaltserwartungen zu tun. Es gehöre sich in bestimmten Kreisen einfach, daß die Kinder auf das Gymnasium gingen und das Abitur machten, auch wenn die Eltern und deren Umfeld eher Golf und Tennis spielten als einen Text von Goethe zur Hand nähmen. Deshalb prophezeite der Lehrer auch, daß es eines Tages Landesregierungen geben würde, die die Reifeprüfung so leicht machen würden, daß jeder damit fertig werden und man das entsprechende Zeugnis gleich bei der Geburt aushändigen könne.

Er erläuterte seine Einschätzung der geringen Kulturlust vieler Menschen am Beispiel der Ruhrfestspiele in Recklinghausen – zu denen er erst einzelne von uns mitnahm und zu denen wir später im Verbund reisten, als die ersten von uns einen Führerschein erworben hatten. Die Grundidee der Ruhrfestspiele – Kultur in Form von Theater und Ausstellungen ins Ruhrgebiet zu bringen, also dorthin, wo es viele Arbeiter gab –, diese Grundidee funktioniere nur solange, wie die Anvisierten noch nicht daran denken könnten, ein eigenes Auto anzuschaffen. Habe man sich erst einmal einen Wagen zugelegt, müßte der am Wochenende gewaschen und sonstwie versorgt werden. Außerdem könne man jetzt leicht in das Gartenhäuschen fahren, und obendrein gebe es noch die Sportschau. »Die meisten Menschen verlieren jedes Interesse an Kultur und Politik, wenn die Sportschau beginnt«. So sprach der Lehrer, ohne uns zu sagen, wie sich das ändern oder beides verbinden ließe.

In meiner Sicht heute steckte und steckt das Problem darin, daß »Kultur« – ebenso wie »Wissenschaft« als Teil vor ihr – leider vor allem nach Elite und nur in zweiter Linie nach Unterhaltung klingt. Und meine Eltern – und die Menschen, für die es damals die Ruhrfestspiele und das dazugehörige Kulturangebot in den Museen gab – suchten das zweite, das Vergnügen, was der Lehrer selbst problemlos auf der Bühne oder im Museum finden konnte.

Ich versuchte damals meine Begeisterung auf meine Familie und Freunde zu übertragen und sie mitzunehmen. Das klappte auch, vor allem, weil die Festspiele und auch andere Theatervorstellungen selten ausverkauft waren, da die ursprünglich gemeinten Menschen – siehe oben – den Veranstaltungen nach und nach fernblieben. Der Vorteil für uns bestand darin, daß es nicht nur genügend Plätze für uns Knaben gab, sondern daß man aufrücken konnte. Der Lehrer empfahl, Karten für die letzte Reihe zu kaufen und von dort zu schauen, wo sich weiter vorn leere Plätze zeigten. »Ihr müßt nachschauen, wo am Rand etwas frei geblieben ist, und euch dort hinsetzen, wenn sich der Vorhang hebt.« So kamen wir wenigstens der Kultur ganz nah. Es war schön und abenteuerlich.

34

Bei Zügen ist am Rand immer noch
ein Platz frei.

Der große Physiker Richard Feynman hat 1959 einen Vortrag gehalten, der den Grundgedanken der Nanotechnik enthielt. Er wollte die Physiker ermutigen, ihre technischen Bemühungen bis auf die Dimensionen der Atome zu erstrecken, und beendete seine Rede mit dem Aufruf: »In der Tiefe gibt es noch genug Platz.« (»There's plenty of room at the bottom.«)

Natürlich wußte ich damals nichts davon, und ich zitiere den späteren Helden meiner Studienzeit nur, um auf einen ähnlich klingenden Rat des Lehrers zu kommen. Er lautete: »Am Rand sind immer noch ein paar Plätze frei«, und er bezog sich dabei unter anderem auf das Theater (siehe oben) und Züge, wie jetzt erzählt werden soll.

Ab und zu machten wir mit dem Lehrer kurze Ausflüge für einen Nachmittag, um in Museen zu gehen, einen Dom zu besichtigen oder – in Köln – mit dem Fahrstuhl in die Römerwelt zu fahren. Dazu nutzten wir dann Züge der Deutschen Bundesbahn, wobei wir meist für unsere Gruppe reservierte Plätze hatten. Während wir am Bahnhof standen und auf den Zug warteten, schlug der Lehrer uns vor, auf die Menschen zu achten, die sich ebenfalls am Bahnsteig eingefunden hatten. Es lohne sich immer, andere Menschen zu betrachten, dabei könne man manchmal etwas lernen und ab und zu sehe man auch jemanden, der Hilfe brauche – etwa beim Einsteigen. Man solle immer hilfsbereit sein, und dazu gehöre selbstverständlich auch die Bereitschaft, seinen Platz anzubieten, wenn jemand im Zug sei, der ihn dringender benötige als man selbst.

Damit sind wir bei der Frage nach dem Platz. Der Lehrer wies uns darauf hin, daß sich die Menschen nicht gleichmäßig über den Bahnsteig verteilten, sondern sich mehr oder weniger zur Mitte hin orientierten. Dort stiegen sie dann alle durch ein paar Türen ein, und dabei komme es zu einem unnötigen Gedränge, an dessen Ende auch keine freien Plätze mehr zu finden seien. Der Lehrer empfahl, zu dem einen oder dem anderen Ende des Bahnsteigs zu gehen und dort in den Zug zu steigen. Die Wahrscheinlichkeit sei viel größer, hier ein freies Abteil zu finden, und zu drängeln brauche man auch nicht.

Bei einer Bahnfahrt trifft man auf uniformierte

Beamte, die Passagiere kontrollieren und informieren sollen, und als der freundliche Schaffner uns abgefertigt hatte, nutzte der Lehrer die Gelegenheit, sich noch einmal zum Wesen der Uniform zu äußern. Er hatte selbst eine fünf Jahre lang als Soldat getragen. Er schaute uns an und meinte: »Mit einer Uniform angezogen ist nicht nur, wer eine Uniform mit diesem Namen trägt. Eure Bekleidung kann man auch uniform nennen. Alle die gleichen Hosen und Turnschuhe und das gleiche Bemühen um Eindruck.« Als einige protestierten, korrigierte er sich: »Nicht alle, fast alle. Einige haben gemerkt, daß auch am Rand der Kleiderordnung noch Platz bleibt, an dem man sich einrichten kann.«

35

Die Lehrer sollten gegen das Staatsdefizit protestieren oder auf die Erhöhung ihrer Bezüge verzichten.

Viele Menschen interessieren sich für Sport, einige für die Wissenschaft, viele hören hin, wenn es um Politik geht, einige verfolgen, was mit der Religion bzw. der Kirche passiert, viele gehen ins Kino, einige besuchen eine Oper – doch eine Sache gibt es, der alle ihre Aufmerksamkeit zuwenden, und das ist das Geld, und zwar sowohl im privaten als auch im öffentlichen Bereich, also bei den Staatsfinanzen. Wenn es um das Budget gehe, so meinte der Lehrer, dann höre jeder hin und zu, und nach dieser Einleitung war klar, daß er uns etwas von Bedeutung mitteilen wollte.

Bekanntlich müsse jedes Jahr ein Bundeshaushalt beschlossen werden, und wir alle könnten uns nicht daran erinnern, daß dies jemals ohne Vergrößerung des Defizits und Schuldenmachen über die Bühne gegangen wäre. Dem Lehrer – und nicht nur ihm allein – bereitete das Sorgen. Er sagte, er durchschaue die Tiefen der Wirtschaftspolitik nicht, habe aber verstanden, daß ein Haushalt mit der Verfassung vereinbar sein müsse. Noch sei dies wohl der Fall – dabei gehe es darum, wie viele der neu aufgenommenen Schulden für Investitionen eingesetzt würden –, doch wer garantiere, daß es so bleiben werde. Er sagte, er habe Angst vor einer Inflation. Er wolle nicht noch einmal eine Geldentwertung ohne Halt erleben und überlege, wie er als Lehrer – also als Staatsbeamter – dazu beitragen könne, dies zu verhindern. Natürlich gebe es die Möglichkeit, gegen die Haushaltspolitik zu protestieren (abgesehen davon, daß man in die Politik gehen könne). Das sollten die Lehrer auch tun. Sie hätten darüber hinaus sogar noch eine ganz andere Möglichkeit, und die Frage laute, ob sie nicht eigentlich verpflichtet seien, sie umzusetzen.

»Lehrer sind Vorbilder für die Jugend«, sagte der Lehrer, »und wenn der öffentliche Schuldenberg steigt und steigt, belastet das vor allem die Generation, die wir unterrichten. Wenn wir uns für sie verantwortlich fühlen, dann müssen wir etwas vorschlagen, das den Haushalt entlastet, und zwar direkt. Wir dürfen nichts auf andere abschieben, wir müssen bei uns selbst anfangen.« Deshalb war der Lehrer der Ansicht – und er hat sie dem Philologenverband vorgelegt –, daß die Lehrer auf eine Erhöhung ihrer Besoldung verzichten sollten.

Einer müsse damit beginnen, und wer denn, wenn nicht die Lehrer? Eine gute Frage, die ohne Antwort blieb und bleibt.

36

An höheren Schulen geht es nicht um Leistung.

Wenn heute unentwegt – vor allem aus politischen Kreisen – zu hören ist, Leistung muß sich wieder lohnen, dann vernimmt man dieselben Töne wie damals, als der Lehrer sich über die Idee der Leistung äußerte und meinte, das vielfach geforderte Leistungsprinzip passe auf keinen Fall in die höhere Schule. Ihm war nämlich nicht wichtig, daß man etwas leistet. Ihm kam es mehr darauf an, zu verstehen, wofür man etwas leistet.

Der Lehrer stand der Leistung aus zwei Gründen skeptisch gegenüber. Zum einen, so meinte er mit makaber klingenden Worten, leisteten auch Massenmörder etwas, nämlich etwas Grauenhaftes, und zum zweiten komme Leistung von Leisten, und die gebe es beim Schuster, der damit messe und begradige. Wer Leistungen von Schülern fordere, wolle sie alle über einen Leisten namens Zensuren schlagen und damit vieles gleich und gerade machen. Dabei erreiche man aber nur, was die Schule gerade vermeiden wolle bzw. solle, nämlich die Einebnung und Mißachtung der individuellen Begabung.

Seine Abneigung gegen ein Leistungsprinzip auf dem Gymnasium bedeutete natürlich keineswegs, einem Schlendrian das Wort zu reden und ein Lob der Faulheit anzustimmen. Es galt – eher im Gegenteil –, im Kopf rege zu sein, und deshalb legte er Wert darauf, Müßiggängern eine Chance zu geben, die spazierengehend oder auf andere entspannte und gelassene Weise zur Kultur beitragen und sich geistig – um das Geistige – bemühen. Hatte nicht Archimedes das Prinzip des Auftriebs in der Badewanne gefunden? Und war nicht derselbe Archimedes beim Zeichnen mathematischer Symbole in Sand von einem Soldaten mit einem Ziegelstein erschlagen worden, der daraufhin sicher für diese Leistung ausgezeichnet und befördert worden ist? Wer war denn jetzt wichtiger für Kultur und Gesellschaft? Der um seiner selbst willen in Muße tätige Archimedes oder der seinen sozialen Auftrag erfüllende Krieger voller Tatendrang?

Wo und wenn es um Bildung geht, so der Lehrer, darf die Gesellschaft, die Leistung erwartet und bezahlt, keinen Anspruch stellen. Sie solle vielmehr das scheinbar Nutzlose in möglichst großem Umfang geschehen lassen, weil sie später aus vielen dabei gemachten Einsichten profitieren könne.

Was mir in meiner Schulzeit nicht sofort einleuchtete und zunächst eher wie ein elegantes Argument für das Pflegen eines gebildeten Hobbys wirkte, habe ich später als Student besser verstehen gelernt. Da hörte ich unter anderem von dem Engländer Michael Faraday, der viele Jahre hindurch zäh und ohne Rücksicht auf staatliche Nachfragen versuchte, mit Hilfe eines Magnetfeldes elektrische Ladungen in Bewegung zu setzen, also einen Strom zu erzeugen. Als es ihm 1831 gelungen war, fragte ein Politiker, was das nütze. »Eines Tages können Sie darauf Steuern erheben«, soll Faraday geantwortet haben. Er meinte den Strom, der heute aus den Steckdosen kommt, und er hat recht behalten.

Nicht Leistung lohnt sich, sondern das Ziel, das sie anstrebt. Das kommt nicht nur ohne sie zustande, daß kann sogar verlorengehen, wenn sich das Leistungsprinzip dort durchsetzt, wo es nichts zu suchen hat – auf dem Gymnasium.

37

Der liebe Gott steckt im Detail –
auf das Komma kommt es an.

Er nannte das die Theologie der Philologen – auf das Detail komme es an, denn hier stecke der Teufel. Und wir bekamen diese Einsicht vor allem an der Zeichensetzung illustriert, und dabei besonders an dem kleinen Strich, den man Komma nennt. »Mein Gott Einstein« bedeutet eben ganz etwas anderes als »Mein Gott, Einstein«, und »Die Leichtfertigkeit zu unterschätzen ist unklug« ergibt einen anderen Sinn als »Die Leichtfertigkeit zu unterschätzen, ist unklug« – solange man, wie damals noch im Duden vorgesehen, die Wahl hatte, vor die letzten beiden Worte ein Komma zu setzen. Es war tatsächlich dumm, mit diesem Zeichen leichtfertig umzugehen.

Was das erste Beispiel angeht, das der Lehrer natürlich mit Goethe statt mit Einstein vorführte, so dreht sich die Bedeutung sogar fast vollständig um, denn die Version mit Komma darf man ruhig vorwurfsvoll betonen. »Mein Gott – Komma –, was ist das denn wieder für ein Unsinn?« Was das zweite Beispiel angeht, so entschied der winzige Strich im Satz, ob die Leichtfertigkeit das Subjekt war oder ob das Unterschätzen diese Rolle übernahm und die Leichtfertigkeit zum Objekt wurde. Mit anderen Worten, erneut stellte das Komma alles auf den Kopf, und wir verstanden, was der Wiener Satiriker Karl Kraus, den der Lehrer oft und gerne zitierte, ausdrücken wollte, als er meinte, das Strichlein, das wir Komma nennen, könne über mein und dein, über dich und mich und sogar über Krieg und Frieden entscheiden.

An dieser Stelle wagte einer von uns die Frage, wie es sein könne, daß Sprache so unklar sei und so große Unterschiede in der Bedeutung an winzigen Beigaben hingen. Könne man da nicht bessere und verläßlichere Regeln finden und einführen?

Das sei doch das Schöne an der Sprache, meinte der Lehrer. Ihre Unklarheiten seien gegeben und machten sie interessant. Er bewunderte Juristen, denen es manchmal gelinge, Eindeutigkeit zu erlangen. Diese Aufgabe stelle sich allen jeden Tag neu und halte das Nachdenken auf Trab. Sprechen mache Spaß und Hören auch. Man habe dabei immer zu tun.

38

Die richtige Aussprache
darf keine Glücksache sein.

Wer nach Italien fährt, sollte wissen, daß »Chianti« nicht »Schianti« gesprochen wird – das h vor dem i drückt im Italienischen nur aus, daß das C hart zu sprechen ist, das normalerweise vor einem i weich daherkommt, weshalb »Cinzano« auch wie »Tschinzano« klingt. Solche Kenntnisse sind heute sehr viel weiter verbreitet als in den frühen 1960er Jahren, und ich habe eine Weile gebraucht, die bei uns zu Hause übliche Aussprache von »Expresso« aufzugeben und »Espresso« zu sagen, aber das ist lange her.

Die eben skizzierte falsche Aussprache amüsierte den Lehrer zwar, ärgerte ihn aber nicht weiter. Man müsse das nicht unbedingt von Kindheit an wissen und könne es ja von ihm oder von anderen lernen. Was ihn hingegen wahnsinnig machte, waren Sprechschnitzer der schlimmen Art, wenn sie in professionellem Rahmen auftraten – etwa bei Theateraufführungen oder in der Oper. Der Gott Apollon, der auf deutsch Apoll und auf lateinisch Apollo heißt, wird auf jeden Fall auf dem ersten o betont. Es tut in den Ohren weh, wenn das zweite o gewichtet wird, und der Lehrer hielt es in einem Vortrag nicht mehr aus, als der Sprecher anschließend auch noch ein »alias« einschob und dabei das i hervordröhnen ließ – alías also.

In Goethes »Faust« gibt es die berühmte Szene, in der der Teufel Mephisto einem Schüler die Wissenschaften erklärt, damit der Knabe für sein Studium die richtige Wahl treffe. Zuletzt gibt ihm der Teufel einen schriftlichen Rat mit auf den Weg, der lateinisch verfaßt ist: »Eritis sicut Deus, scientes bonum et malum«. Es sind die Worte, mit denen die Schlange Adam und Eva im Paradies verführt, indem sie ihnen verspricht: »Ihr werdet sein wie Gott und wissen, was gut und was böse ist.« Der Schüler liest die Worte immer falsch; er betont nämlich im ersten Wort das große E statt des kleinen i, das diesem folgt. Und wenn er ganz schlecht vorbreitet ist, dann dehnt er noch das Gute und das Böse – boonum und maalum –, und dann klingt es so, als kenne man sich mit Bohne und Apfel aus.

Wie gesagt, man muß das nicht alles wissen, doch man muß erstens wissen, daß man das nachsehen (und lernen) kann, und man sollte zweitens gerade bei solchen Details den Mut haben, Unkenntnisse einzugestehen, um sie beheben zu können, und man sollte drittens bedenken, daß die Zuhörer und ihre Ohren sich bedanken, wenn sie richtig versorgt werden.

39

Irgendwann muß jeder eine Pleite oder eine Blamage erleben.

Der Lehrer ließ gerne – vor allem am letzten Schultag vor den Ferien – vorlesen, und es gefiel ihm, mich dabei an die Reihe zu nehmen. So konnte es nicht ausbleiben, daß ich vielfach falsch betonte oder mich völlig verhaspelte. Einmal stand da ein mir noch nie unter die Augen gekommenes Wort, das ich mit der Silbentrennung »Pala-staula« mit scharfem s aussprach, obwohl es sich um eine Palast-aula handelte. Mir war es auch einmal gelungen, den Helden Paris, der in der griechischen Mythologie mit einem Apfel die Schönste unter drei Göttinnen auswählen soll und dessen Name auf dem a betont wird, so wie die französische Hauptstadt klingen zu lassen, und Schnitzer dieser Art gaben immer wieder Anlaß zur Fröhlichkeit.

Der Lehrer beklagte natürlich die Unkenntnis oder den Mangel an Konzentration, nutzte solche blamablen Auftritte aber zugleich, um uns darauf hinzuweisen, daß das Leben nicht nur aus Siegen und Beifall bestehe. Immer wieder werde man unterliegen, werde scheitern, werde Pleiten erleben, und daran sollte man sich gewöhnen. Wegen einer Pleite gebe man nicht auf; wegen eines Versprechers sei man kein schlechter Vorleser, betonte er, und er ermunterte uns sogar, Pleiten anzusteuern und Blamagen zu riskieren, um sich an die Gefühle und Bedrückungen zu gewöhnen, die mit solchen Situationen unweigerlich einhergingen.

Ich wurde am Ende der Schulzeit zum Schulsprecher gewählt – wobei wir daraus einen Schülersprecher machten –, und versuchte in dieser Funktion, ein Konzert zu organisieren. Dabei erlebte ich – aus vielen Gründen – eine Pleite, und der Direktor überlegte schon, mich vor die sogenannte Klassenkonferenz zu rufen, um mir eine offizielle Rüge zu erteilen. Der Lehrer riet ihm ab. Er sagte, ihm seien aktive Schüler lieber, die eine Pleite erlebten und daraus sicher lernten, als die anderen, die nur dasäßen und auf das Ende der Schulzeit warteten. Pleiten brächten einen langfristig voran. Die Konferenz sei Zeitverschwendung. Sie fand nicht statt.

40

Im Sport ist es wie beim Schreiben – auf die Form kommt es an

»Geschichten, die das Leben schrieb« – so oder so ähnlich lautete die Werbung für Bücher, in denen Menschen von dramatischen Begebenheiten berichteten, die ihr Leben bestimmt hatten. Jungen, die schlimme Erfahrungen in Waisenhäusern gemacht hatten, Mädchen, die früh verheiratet worden waren, Familien, die einen Lottogewinn durchgebracht hatten, und andere Beispiele dieser Art. »Das Leben schreibt keine Geschichten«, sagte der Lehrer, das sei ein Kategorienfehler, der ihn auch aufregte, wenn in der Zeitung zu lesen war, daß bei einem Flugzeug ein Flügel wegen Materialermüdung gebrochen sei. »Menschen können ermüden, Material nicht, sonst könnte man es in die Ferien schicken«, wie er meinte. Und was die Geschichten angehe, so liefere das Leben zwar den Rohstoff und das Ausgangsmaterial, aber was den Leser interessiere, sei die Form, die man ihnen gebe, und dafür seien die Menschen zuständig, die sie schüfen.

Er betonte, wie wichtig die richtige Form sei, und versuchte uns klarzumachen, daß es nicht nur bei Sportlern auf die richtige Form ankomme. Wer etwas zu Papier bringen wolle, müsse sich erst über die Form klar werden. Diese hänge natürlich von dem Inhalt ab, mit dem man sie füllen wolle, aber sie einzuhalten – dies sei die eigentliche Arbeit des Schreibens, die vor allem Disziplin erfordere und ein Handwerk sei.

Ich fand den Satz ermutigend, denn was mir vorher wie etwas vorgekommen war, zu dem nur ein unheimlich bleibendes und unbegreiflich wirkendes Genie fähig sei, erwies sich als lehr- und lernbar. Schreiben konnte man üben wie Schwimmen und Basketballspielen. Natürlich brauchte man immer noch den Rohstoff, aber den konnte man ja aus vielerlei Quellen beziehen. Und da gab es nicht nur das Leben, sondern auch noch die gesamte Wissenschaft. Plötzlich hatte ich ein weites Feld vor mir – und das hat sich nicht geändert.

PS: Zu diesem Text gibt eine notwendige Nachschrift. Kurz nachdem ich ihn beendet hatte, entdeckte ich einen besonderen Dreh der Begriffsgeschichte, die meinen Lehrer im speziellen widerlegt, ihm im allgemeinen jedoch gefallen hätte. Wie sich herausstellt, gehört zu der »Ermüdung« – genauer: zu ihrer englischen Form »fatigue« – eine eigentümliche Geschichte. In der Mitte des 19. Jahrhunderts hat es schlicht und einfach neben der physiologischen auch seine technische Bedeutung bekommen, und zwar durch ein und dieselbe Sache: die Eisenbahnfahrt. Beobachtet wurde damals nicht nur, daß die Reisenden nach der Bewältigung einer längeren Strecke in den Zustand der Ermüdung fielen, wie es amtlich hieß, sondern daß die Maschinerie ein ähnliches Schicksal zeigte. Man entwickelte Meßverfahren und stellte fest, daß die Muskeln und das Material sich gleich verhielten, und dies erklärten die zuständigen Forscher durch die vielen Vibrationen und Oszillationen, denen die Körper und Gerätschaften ausgesetzt sind. Die Sprache von der Müdigkeit der Metalle setzte sich also nicht aus Nachlässigkeit, sondern – im Gegenteil – aus sorgfältiger Sachlichkeit durch.

Das hätte meinem Lehrer gefallen, der sich gerne überzeugen ließ. Wahrscheinlich hätte ihm auch gefallen, daß sich in der Wortwahl ein Gefühl der Gerechtigkeit ausdrückt. Denn wer arbeitet, wie es Maschinen ja tun, hat auch den Anspruch, müde sein zu dürfen – wie die Schüler am Ende einer Belehrung und die Leser am Ende eines Kapitels.

41

Ein »und« muß gekonnt sein.

Irgendwann tauchte in einer Ausstellung ein abstrakt gehaltenes Bild auf – den Maler lassen wir hier ungenannt –, das »Goethe und das 20. Jahrhundert« hieß. Der Lehrer fand das lächerlich. Er hatte nichts gegen die moderne Kunst. Im Gegenteil! Er versuchte höchstpersönlich, uns für sie zu begeistern, indem wir zusammen einen Ausflug nach Kassel zur dritten *documenta* machten. Doch was sollte ein solcher Titel? »Wer weiß schon genug von Goethe?« fragte der Lehrer. »Und wer kann sagen, er kenne das 20. Jahrhundert? Wie kann dann jemand uns Goethe *und* das 20. Jahrhundert auf einmal zeigen und vorführen?«

Er legte uns ganz allgemein ans Herz, solchen imposant klingenden Titeln zu mißtrauen, vor allem, wenn in ihnen zwei allein für sich schon übergroße Themen benannt werden und der Zusammenhang zwischen ihnen sich nicht aus der Sache ergibt. An diese Warnung mußte ich denken, als ich später als Student in einer Vorlesung saß, in der es um »Molekularbiologie und Festkörperphysik« ging, ohne daß der Konjunktion irgendeine Aufmerksamkeit geschenkt wurde. Man erfuhr etwas aus beiden Bereichen und sollte sich den Rest wohl denken.

Natürlich gibt es sinnvolle Titel mit einem »und«, wie wir schon in der Schule erfuhren, als der Lehrer »Dichtung und Wahrheit« vorstellte, also Goethes Autobiographie, bei der man die beiden Begriffe auf keinen Fall vertauschen darf (sonst trifft ein d auf ein zweites). Und als Student habe ich natürlich Werner Heisenbergs Autobiographie »Der Teil und das Ganze« mit brennenden Augen verschlungen. In beiden Fällen sind die Autoren vor allem damit beschäftigt, den Verbindungen zwischen den aufgeführten Polaritäten nachzuspüren.

Ich selbst habe es vor kurzem riskiert, einen Text mit dem Titel »Mozart und die Quantenmechanik« zu veröffentlichen. An ihm hätte der Lehrer herumgemäkelt: »Wer kennt schon Mozart? Und wer versteht schon die Quantenmechanik?« hätte er gefragt. »Ich nicht«, hätte ich ihm geantwortet, um anschließend zu erklären, woher die Formulierung stammt: »Es handelt sich um ein Zitat. In seiner Autobiographie, die im englischen Original *The Joy of Insight* und in der deutschen Übersetzung *Mein Leben* heißt, möchte der Physiker

Victor Weisskopf (1908–2002) erklären, was für ihn Glück ist – nämlich Mozarts Musik spielen und über die Quantenmechanik nachdenken können. Das gute Leben steckt in dem ›und‹, das bei ihm sicher gekonnt ist.«

42

Es gibt kein Recht auf Bildung;
es gibt eine Pflicht, wenn die angemessenen
Voraussetzungen vorliegen.

Heute ist viel von Rechten die Rede, unter anderem vom Recht auf Bildung. Besonders in den Tagen nach der Pisa-Katastrophe, durch die Deutschland, das Land der Dichter und Denker, hatte zur Kenntnis nehmen müssen, daß wir längst nicht eine so gute Schulbildung vermitteln, wie wir es unserem eigenen Anspruch nach tun müßten, wollten sich viele Politiker nicht darin übertreffen lassen, von der Bildung als von einem Menschenrecht zu sprechen. Tatsächlich haben ja die Ergebnisse der Pisa-Studie, in der elementare Kompetenzen von Schülern gemessen wurden, erkennen lassen, daß es eine Art Korrelation zwischen dem Sozialstatus und dem Abschneiden im Pisa-Test gibt. Aber wieso leitet sich daraus ein Recht auf Bildung ab?

Unser Lehrer hätte sich darüber sehr gewundert. »Jeder, der unterrichtet«, so ließ er uns gerne wissen, »wird sich zunächst darum bemühen, die Begabung und das Interesse eines Schülers herauszufinden.« Und dabei wird sich herausstellen, daß einige besser mit dem Stoff umgehen und sich Inhalte rascher aneignen können als andere. »Wer über die angemessenen Voraussetzungen verfügt und also in der Lage ist, geistige Welten zu erkunden«, so der Lehrer, »der wird sich erstens kaum aufhalten lassen, das zu tun, und der wird zweitens einsehen, daß er sein Privileg nicht vergeuden darf.« Mit anderen Worten, Bildung wird zur Pflicht bei dem Einzelnen, der das Talent zur Einsicht hat. Sie kann aber nicht als Recht beansprucht werden von den Vielen, denen diese Fähigkeit nicht gegeben ist.

»Gibt es etwa ein Recht auf Schulbesuch?« wurden wir noch gefragt, um zu hören, daß es gute Gründe für das Gegenstück – die Schulpflicht – gebe, wie sie die Preußen eingeführt hätten. Ihr Recht zum Schulbesuch nähmen mit Sicherheit nicht diejenigen in Anspruch, die jetzt ein Recht auf Bildung einklagten. Bildung bekomme man nicht gereicht. Man müsse sie sich abholen und erarbeiten, und zwar ein Leben lang, wie wir heute immer besser wissen. Zum Glück kann diese Pflicht Freude machen – auch ein Leben lang.

Übrigens: Pflichten hatten seiner Ansicht nach vor allem Leute wie wir, die wir als Gymnasiasten mit Privilegien ausgestattet seien. Wir müßten unsere Zeit nicht mit körperlicher Arbeit verbringen, die uns keinen Spaß mache. Wir dürften vielmehr unsere Zeit mit der Lektüre von Schiller und Goethe zubringen, wir würden in Mathematik und Musik unterrichtet, wir dürften Zeichnen üben und Gemälde beschreiben, uns gehe es also gut, wir seien privilegiert, und deshalb hätten wir – so seine Rede – Verpflichtungen zu übernehmen. Dazu gehöre die Aufgabe, unser Wissen (später) der Gemeinschaft zur Verfügung zu stellen, uns (später) vorbildlich zu verhalten und alles zu tun, um gesund zu bleiben. Ein gesunder Körper sei nämlich deshalb eine Pflicht, damit der Geist, den er beherberge, trainiert und gebildet werden könne, um zuletzt selbst auch gesund zu sein – *mens sana in corpore sano*, um endlich wieder etwas Latein loszuwerden.

43

Nicht die Schüler sind das Erste;
die Sache kommt zuerst;
die Schüler ziehen dann schon mit.

Es war und ist in Mode, über die Belastungen der Schüler zu klagen. Was sie nicht alles lernen und behalten mußten, die vielen Vokabeln, das kleine und das große Einmaleins, die endlosen Geschichtszahlen und manches mehr. Alles Unsinn, sagt die moderne Hirnforschung, die immer deutlicher zum Ausdruck bringt, daß wir erstens unser Gehirn keinesfalls überfordern können und zweitens wissen sollten, daß unser Organ unter der Schädeldecke mehr oder weniger nach Stoff giert, den es aufnehmen kann. Alles Unsinn, das hat schon vor vielen Jahrzehnten unser Lehrer gesagt, der wußte, daß man Schüler – wie alle Menschen – überfordern kann. Niemand werde von ihnen verlangen, einen Roman von Thomas Mann an einem Tag zu lesen oder den Stadtplan von Paris bereits auf der Hinfahrt wie am Schnürchen zu kennen. Aber wenn ein bestimmter Stoff an der Reihe ist – die Französische Revolution oder die Farbenlehre

Goethes –, dann gehe es in erster Linie um ihn und nicht darum, ob die Schüler – vor allem nach einem Wochenende – gerade müde oder lustlos sind.

Wichtig bleibe dabei in hohem Maße, wie die Sache vermittelt wird: »Was dem Lehrer kein inneres Bedürfnis ist, kann für den Schüler kaum zur Passion werden«, pflegte er zu sagen, und er zeigte uns, wie sehr ihn etwas in Besitz genommen hatte – etwa Goethes Suche nach der Urpflanze, wie dieser sie in der »Italienischen Reise« beschrieben hat, oder allgemein das Hervorkommen der Menschen aus ihrer Geschichte. Ob es die Urpflanze wirklich gegeben hat oder ob es sich bei ihr nur um eine Idee handelt – das Thema faszinierte ihn, nicht zuletzt, weil es offenblieb und immer wieder als Gesprächsstoff dienen konnte. Und was man aus der Geschichte lernen könne, damit befasse er sich ständig. Der Ost-West-Konflikt fing für ihn nicht nach dem Zweiten Weltkrieg, sondern schon bei und vor Cäsar an. Wir merkten, daß da etwas in der Tiefe war, das zu wissen sich lohnte, und fingen an, uns über seine Fragen zu wundern und etwas von der Freude zu spüren, die Kultur bereiten kann.

Übrigens – wer einen guten Lehrer erkennen will, sollte nicht nach der Erfüllung irgendwelcher didaktischer Vorgaben fragen oder sich nach dem Festhalten an pädagogischen Plänen erkunden. Er sollte nachsehen, ob der Lehrer seinen Stoff liebt und mit ganzem Herzen bei der Sache ist, wie es altmodisch heißt. Die Schüler werden dann schon mitmachen.

44

Seine Geburtstagsfeiern
zahlt man selbst.

Dieser Satz hat eine konkrete Vorgeschichte, nämlich eine bestimmte Feier. Der Lehrer war von einem »verdienstvollen« Chefarzt der Stadt zu dessen Geburtstagsfest eingeladen worden. Es ging um eine runde Zahl, und folglich gab es reichlich zu essen und trinken. Offenbar verlief die Zusammenkunft angenehm und mit guten Ansprachen und Gesprächen, und eigentlich konnte nichts schiefgehen. Doch dann ergriff zuletzt der Gefeierte höchstpersönlich das Wort und dankte einer Pharmafirma für die Ausrichtung der Veranstaltung. Der Lehrer reagierte unmittelbar verärgert und zog abschiedslos von dannen – so erzählte er uns an einem der folgenden Tage, um der Beschreibung des Abends hinzuzufügen: »Mich stört nicht, daß Chefärzte horrende Summen für Tätigkeiten berechnen und einstecken, die niemanden intellektuell überfordern und bestenfalls durchschnittliches Denkvermögen erfordern. Jedem steht dieser Berufsweg offen, selbst wenn sich manche Menschen weniger wegen der Patienten und mehr wegen der Einkommensmöglichkeiten für diese Richtung entscheiden. Mich stört auch nicht, wenn es um Kongresse und Weiterbildung geht, wenn sie dafür Geld von kommerziell orientierten Unternehmen bekommen. Mich stört aber, wenn auch das Private in deren Hände gelegt und der ganze Mensch käuflich wird. Seine Geburtstagsfeiern zahlt man selbst, alles andere ist unanständig.«

Wenn man jemandem besondere Klugheit bescheinigen will, dann sagt man gerne, er habe über seine Zeit hinaus gedacht oder er sei seiner Zeit voraus gewesen. Der Lehrer konnte solche Sprüche nicht leiden – »Wer weiß denn schon, was die gemeinte Zeit ist?« hätte er gefragt –, und deshalb zögere ich, das übliche Lob auf ihn anzuwenden, aber in diesem Fall steckt in seinem wütenden Hinweis tatsächlich etwas, was nach langem Zögern der Beteiligten unsere Gegenwart allmählich doch mitbekommen hat. Bei Geburtstagen dürfen Pharmafirmen heute nur noch sehr kleine Geschenke machen. Das Fest zahlt man jetzt wirklich selbst – was die Frage übrig läßt, ob wir dadurch anständiger geworden sind. Wahrscheinlich solange nicht, solange wir andere nur deshalb nicht für uns zahlen lassen, weil es ein Gesetz oder die Etikette verbieten. Wir müssen selbst dafür sein.

45

Wenn alles erlaubt ist, entsteht keine Kunst.

Eigentlich müßte irgendwann von dem Wahnsinn der letzten Jahre um die deutsche Rechtschreibung die Rede sein, die den Eindruck erweckte, es sei beliebig, wie man Worte schreibe. Ich will das lassen, weil sich jeder Leser denken kann, was der Lehrer gesagt hätte. Ihn hätte vor allem das Kriterium geärgert, das den Politikern zufolge eine Reform nötig machte. Sie wollten, daß die Schüler in den Diktaten weniger Fehler machten. »Dann soll man doch lieber die Diktate ganz abschaffen«, hätte er gesagt, »dann macht niemand mehr einen Fehler.«

Da wir gerade von Beliebigkeit gesprochen haben – der Lehrer gab sich große Mühe, das, was dieser Begriff ausdrückt, von dem zu unterscheiden, was wir mit Freiheit meinen. Er erläuterte uns, daß zum Beispiel ein Dichter oder ein Maler bei seinem Schaffen zwar frei sei, aber dennoch seine Farben oder Worte nicht beliebig setzen bzw. anbringen sollte.

Um Kunst zu erzeugen, brauche es eine Einschränkung der Freiheit, wie sie etwa durch die Form gegeben sei. Ein Bild müsse in einen Rahmen (und auf eine Leinwand) passen, und ein Gedicht müsse eine bestimmte Zahl von Zeilen mit dem dazugehörenden geeigneten Reimschema aufweisen. Die freie Form sei das schwierigste, erklärte der Lehrer, und damit solle man auf keinen Fall seine ersten Versuche unternehmen.

Kunst habe viel mit Disziplin zu tun, nämlich mit der Verpflichtung, den Gedanken, den man hat und ausdrücken will, in eine Form zu bringen, die sich – aus was für Gründen auch immer – bewährt habe. Kunst sei nicht bloß eine Frage der Kreativität, wie viele meinten, die sich allein deshalb ungeheuer schöpferisch vorgekommen seien, weil sie auf Schwierigkeiten gestoßen waren, als es systematisch zuging und Rationalität gefragt war. Kunst könne auch erst da beginnen, wo sich jemand ausreichend Kenntnisse angeeignet habe und den Ort finden könne, an dem er sein Werk beginnen wolle. Der Lehrer wies uns sogar auf die Möglichkeit hin, daß banale Schranken wie staatliche Zensurbehörden oder kirchliche Moralhüter einen Künstler dazu führen könnten, besondere Anstrengungen zu unternehmen oder besonders phantasievoll vorzugehen. »Der Mensch wächst am Widerstand«, sagte er ohne Anspruch auf Originalität, und wenn alles erlaubt und beliebig sei, komme selten etwas Beachtenswertes heraus. Der Mensch werde kulturell stark durch seine Grenzen bestimmt, wie er es ausdrückte, wenn er philosophisch gestimmt war, und seine letzte Grenze sei der Tod. Vielleicht entstehe ja Kunst nur, weil wir wissen, daß wir sterblich sind.

46

Konfessionen sind wichtiger
als eine Konfession.

Jetzt haben wir ein ganz großes Thema berührt – den Tod –, über das man natürlich als sexuell heranreifender Knabe nicht viel wissen wollte und noch weniger sagen konnte. Der Lehrer, der im Zweiten Weltkrieg im Osten gekämpft hatte, blieb bei diesem Thema persönlich sehr zurückhaltend. Er näherte sich ihm am ehesten unter der Perspektive der Romantik und wies uns darauf hin, wie »Der Tod und das Mädchen« zusammenhingen: Das Mädchen redet den Tod freundlich an – »Komm, Lieber« – und ist für ihn bereit.

Wir hörten weiter von der Idee der Aufklärung, daß ein so raffiniertes Leben, wie es Menschen darstellen, sich nicht in einem begrenzten irdischen Dasein erschöpfen könne. »In uns steckt also die Möglichkeit, über uns hinaus zu denken«, sagte der Lehrer, und er vermutete in dieser Eigenschaft den Ursprung der Religionen und der Bekenntnisse zu »jenem höheren Wesen, das wir verehren«, wie es Heinrich Böll in »Dr. Murkes gesammeltes Schweigen« ausdrückt (eine Erzählung, die wir gerne gelesen haben). Jedem stehe es frei, sich einer solchen Glaubensrichtung anzuschließen und seinen Gott zu finden. Ihn persönlich reize weniger eine bestimmte Konfession, ihn lockten mehr Konfessionen, also Orientierungen im kulturellen Tun der Menschen. Seine Leidenschaften seien die Musik, die Literatur, das klassische Griechenland, die Wissenschaften – so viele Möglichkeiten, seine Menschlichkeit zu bilden und zu erleben.

Sakrale Kunst war für ihn vor allem Kunst, und die Johannes-Passion wirkte auf ihn vor allem als ein Musikerlebnis. Der Lehrer bekannte sich zur Kultur und deren Fähigkeit, den Menschen zu schöpferischen Leistungen anzuspornen. Man könne sich bekennen, ohne ein bestimmtes Bekenntnis zu haben, wie er meinte. Er wollte niemandem die Lust am Glauben nehmen, er konnte sie nur nicht vorleben. Er bedauerte die Gleichgültigkeit, die diesbezüglich in den 1960er Jahren verbreitet war. Er wünschte mehr Begeisterung – nicht nur für das Politische – und mehr Leidenschaft –, weniger für die Schule und mehr für die Dinge, die sie uns zeige und öffne.

47

Mit Superlativen sollte man
sparsam umgehen.

So schön und erfreulich Begeisterung in der Sphäre der Kultur ist – es gilt aufzupassen, daß sie nicht überschwappt und man selbst nicht überschnappt, meinte der Lehrer, und er hatte dabei vor allem die Worte im Sinn, die wir benutzten, wenn wir beschreiben wollten oder sollten, was wir gerne gesehen oder mit Freude erlebt hatten. »Geht mir vorsichtig mit den Steigerungsformen um und hütet euch vor dem Superlativ. Danach steckt man sprachlich in der Sackgasse.«

Tatsächlich besteht bei Menschen eine Tendenz, etwas mit Worten zu übertreiben und rasch in extremen Tönen darzustellen. Man braucht heute nur ein wenig Radio zu hören, und schon knallen einem die Superlative nur so um die Ohren – das geilste Fest, die längste Nacht, der heißeste Tag, die teuerste Pleite und vieles mehr. Das Bedürfnis nach Steigerung hat inzwischen dazu geführt, daß wir selbst dem eigentlich nicht zu überbietenden Größten Anzunehmenden Unfall (GAU) doch noch eins draufsetzen und vom Super-GAU sprechen. Und wir lassen es darüber hinaus zu, daß Dummschwätzer der deutschen Sprache ein neues Wort hinzufügen dürfen – jedenfalls in ihrer gesprochenen Form. Es heißt »sehrsehr« und kann zum Beispiel nach einem Fußballspiel ununterbrochen gehört werden. »Wir haben uns sehrsehr intensiv vorbereitet und dem Gegner sehrsehr früh den Schneid abgekauft«, wie ganz selbstverständlich pausenlos aus den Mündern der Experten zu vernehmen ist, die es sicher bald schaffen, daß der Duden einknickt und »sehrsehr« mit der Erläuterung einträgt: »Fernsehexpertenwortsteigerung für sehr«.

Der Lehrer hätte sich gekrümmt vor Sprachschmerzen und zum Beispiel auch dringend empfohlen, eine Inflation des Wortes »historisch« zu vermeiden. Erstens ist alles, was passiert ist, historisch (nachdem es passiert ist), und zweitens kann keine Gegenwart bestimmen, was im bedeutenden Sinne als historisch bewertet werden wird. Was sollte auch der Unsinn, jedes Auftreten eines Politikers oder jede Unterschrift unter ein gesamtdeutsches Schriftstück nach der Wende als historisch zu bezeichnen? Das meiste hatte man am Tage danach bereits wieder vergessen.

48

Man braucht kein Ei legen zu können,
um sagen zu können, ob es schmeckt.

Dieser Gedanke gehört zwar Gotthold Ephraim Lessing, jedoch verbinde ich ihn mit meinem Lehrer, der uns dazu anhielt, Kritik zu üben, wo sie oft angebracht und manchmal nötig scheint. Er meinte nicht zuletzt Sprachkritik und wies uns auf zahlreiche Fehler etwa bei der Beschilderung von Straßen und Plätzen hin. Ihn konnte ein Thomas Mann-Platz aufregen, denn »der Herr hieß nicht Mann-Platz, sondern Mann«. Thomas-Mann-Platz mußte und muß es heißen, und wer sich umsieht, wird sehen, wie vergeblich sein Klagen und Bemühen war. »Hier halten Acht Achser«, stand an einer Haltestelle der Straßenbahn. »Als ob da acht Wagen halten, die als Achser bezeichnet werden«, so der Lehrer. »Da hält eine Bahn, die durch acht Achsen getragen wird, also ein Achtachser«. Überhaupt – die Sprache der Schilder, die kein Mensch spricht: Wer benutzt jemals ein Wort wie »Unbefugte«? Oder wer hat jemals ein »Postwertzeichen« gekauft?

Nun gehört es zum Alltag von Kritikern, daß man ihnen vorwirft, sie überschritten ihre Kompetenzen, schließlich könnten sie es ja nicht besser machen, was sie kritisieren. Ich gebe zu, dieses Argument hat mir als Teenager imponiert – doch nur, bis der Lehrer uns erklärte, daß Lessing dazu ein für allemal das Maßgebliche gesagt habe. Er könne doch beurteilen, so Lessing, ob ihm ein Ei schmecke, auch wenn es ihm nie gelingen würde, eines zu legen. Der Lehrer wies allgemein darauf hin, daß es Menschen mit unterschiedlichen Talenten gebe – dem kreativen Könner stehe der kritische Geist gegenüber, und beide könnten sich wunderbar ergänzen, um ein gelingendes Werk hervorzubringen. Eine mir damals höchst merkwürdig erscheinende Idee, daß einem Kritiker zugestanden wird, Anteil an einem Werk zu haben. Wer sich jedoch – wie der Autor – ausführlich mit der Geschichte der Wissenschaft beschäftigen darf, wird in ihr immer wieder Beispiele dafür finden, daß genau diese Mischung tragfähige Ergebnisse ermöglicht. Einen Gedanken zu haben, ist oft gar nicht so schwer. Ihn zu verteidigen, macht die Leistung aus. Dazu muß man allerdings herausgefordert werden.

49

Wer Immanuel Kant oder Thomas Mann lobt, macht sich lächerlich.

Das Wort Kritik hat leider einen schlechten Ruf. Wer etwas kritisiert, scheint etwas madig machen zu wollen. Kritiker nörgeln und verreißen, und wenn sie es einmal nicht tun und stattdessen einen Roman oder etwas anderes loben, dann spricht man ausdrücklich von einer positiven Kritik. Der Lehrer fand das unnötig. Kritik sei eine wunderbare Fähigkeit der Vernunft, sich ein Werk anzueignen oder allgemein Leistungen des Verstandes zu bewerten und einzuordnen. Jeder Mensch sei mit der Fähigkeit zum kritischen – unterscheidenden – Umgang mit Kultur ausgestattet, und auf der Schule gehe es darum, sie zu praktizieren.

Alle Menschen seien Kritiker, so der Lehrer, denn wir alle müßten – jeder für sich – herausfinden, was für uns angemessen sei und unserer inneren Lage entspreche, und niemand könne ausschließen, daß dabei Fehler gemacht würden. Wenn jemand von ihm wissen wolle, was dabei schiefgehen könne, so habe er einen allgemeinen Vorschlag. »Lobt nicht, was euch weit überragt.« Wer etwa Thomas Mann oder Immanuel Kant lobe – zum Beispiel durch Formulierungen wie »der großartige Schriftsteller« oder »der tiefe Denker« –, der mache sich doch nur lächerlich, und wer ihre Schwächen kritisiere, solle aufpassen, ob sie das nicht längst schon selbst viel besser gemacht hätten. »Einen Heinrich Böll zu loben, das ist albern, einen Heinrich Böll zu entdecken, das ist eine Leistung.«

Natürlich erwartete das niemand von uns, aber lehrreich war dieser Rat trotzdem, wie ich erst später bemerkt habe, als es in Deutschland einen Kritiker gab, der so populär wurde, daß er selbst in die Kritik geriet. Als das passierte, fiel mir eine andere Maxime des Lehrers für dieses Thema ein. »Kritiken kritisiert man nicht«, meinte er, wobei er damit vor allem sagen wollte, daß ein Autor eine Kritik hinnehmen und nicht durch eine Gegendarstellung begradigen sollte. Wer sich in die Öffentlichkeit begibt, müsse darauf gefaßt sein, daß sie antwortet. Er hoffe doch sogar, daß sie es tun werde.

50

Soziologen sind Leute, die Kinder zählen, statt sie zu unterrichten.

In den 1960er Jahren wurde eine Wissenschaft populär, die sich bald vielen anderen Tätigkeiten des akademischen Lebens überlegen fühlte. Gemeint ist die Soziologie. Als Mitglied der Universität Konstanz hat man oft die Geschichte aus den Gründerjahren gehört, in der die Soziologen die Meinung vertraten, die Literaturwissenschaft werde bald überflüssig und ihre Inhalte im Rahmen einer Gesellschaftswissenschaft erklärt werden. Literatur beschreibe doch nur das Leben der Menschen, und das könnten die Soziologen besser, womit genauer und wissenschaftlicher gemeint war.

Der Lehrer hätte das sehr weit von sich gewiesen. Er machte uns schon früh klar, was heute selbst unter Sozialwissenschaftlern unbestritten ist, daß nämlich ein Roman eher als ein Lehrbuch vermitteln könne, was in einer gegebenen Gesellschaft zu einer bestimmten Zeit der Fall gewesen ist. Ihm war natürlich klar, daß es eine Sozialwissenschaft von Rang gibt, und wir hörten ab und zu Formulierungen wie »Wissenschaft als Beruf«, oder wir bekamen Hinweise auf grandiose Zusammenhänge zwischen dem Glauben und der Art des Wirtschaftens. Trotzdem ärgerten ihn damals einige Soziologen, und zwar diejenigen, die sich in die Schulpraxis einmischten, ohne sie zu kennen. Er meinte: »Die Soziologen sollten lieber die Kinder unterrichten, die sie zählen.« Sie taten dies zu dem Zweck, die soziale Zusammensetzung einer Klasse bzw. eines Gymnasium zu erfassen und daraus Rückschlüsse über unterschiedliche Bildungsinteressen bei Bürgerlichen und Arbeitern zu ziehen. Für den Lehrer war das ein überflüssiges Datenerheben zum Zeittotschlagen an Lehrstühlen. Und bei dieser Klage bedauerte er, wie sich die Zeiten gewandelt hätten: Früher habe man ein gutes Leben dank Bildung gewollt; heute wolle man nur noch ein gutes Leben. Die Soziologen sollten ausfindig machen, wie sehr eine Gesellschaft einzelne mit Bildung – also eine Elite – benötigt, statt zählend festzustellen, daß sie da nicht herkämen, wo niemand sie vermißt.

51

**Für einen Naturwissenschaftler
kann eine Zusammenfassung wichtiger sein
als die Darstellung.**

Zu den Deutschstunden gehören natürlich Aufsätze, und vor ihnen habe ich mich anfänglich gefürchtet. Der Deutschlehrer meines älteren Bruders liebte es, seine Schüler darin um die Darstellung ihrer Meinung zu aktuellen Geschehnissen zu bitten – etwa zum Bau der Berliner Mauer oder zur Kubakrise. Unser Lehrer lehnte solche Themen ab, da sie zu sehr von außen (etwa durch den SPIEGEL) beeinflußt würden. Er versprach uns, Aufsätze nur über ausführlich im Unterricht besprochene Fragen schreiben zu lassen, und er bat uns dafür um eine Gegenleistung, nämlich erst eine ausführliche Gliederung – mit Einleitung, Hauptteil, Schluß – zu entwerfen. Er sprach von der Disposition, die zunächst ins Heft einzutragen war, bevor mit dem Schreiben begonnen werden konnte. In dieser Disposition stecke die eigentliche Gedankenarbeit, wie er betonte, hinter der das Vergnügen des Formulierens warte.

Das ist alles schön und gut und kaum weiter aufregend, bis auf eine Nebenbemerkung, die er eines Tages machte: »Vielleicht fragen sich einige von euch«, so sagte er einmal nach der Rückgabe von korrigierten Heften, »warum man überhaupt noch den Aufsatz schreiben soll, wenn man die Disposition hat. Steht dort nicht schon all das, worauf es ankommt?«

Ich wurde hellhörig und war gespannt auf die Fortsetzung. Sie lautete so: »Wer mehr Interesse an einer Gliederung als an der Darstellung hat, der agiert wie ein Naturwissenschaftler. Ihm kommt es mehr und manchmal ausschließlich auf die Erfassung der Sache an, und es kann passieren, daß ihre Beschreibung dabei zweitrangig wird.«

Der Lehrer beschrieb darin genau meine Neigung; tatsächlich verbrachte ich die meiste Zeit mit der Disposition, und wenn sie fertig war, fühlte ich mich sehr zufrieden und bereit, mein Heft abzugeben. Ich verstand – noch – nicht, daß es auch eine Leistung sein kann, das, was man sich ausgedacht hat, in ausformulierten Sätzen zu Papier zu bringen. Und ich hatte ebenfalls Mühe mit der Vorstellung, daß Schreiben erstens Lust bereiten und zweitens den Gedanken eine neue Wendung geben könne. Inzwischen weiß ich immer seltener, was am Ende des Schreibens 'rauskommt, wenn ich anfange. Ich weiß nur, daß der Lehrer darüber unglücklich gewesen wäre.

52

Mit der Sprache kann man
sein Schicksal korrigieren und auch sonst
die Leute täuschen.

Beim Schreiben kann eine Menge passieren. Man kann zum Beispiel auf der Suche nach einem anderen Ausdruck für einen schon beschriebenen Sachverhalt merken, daß man einem doch zunächst als eindeutig identifizierten Tatbestand eine völlig neue Bedeutung abgewinnt. Die bekanntesten Beispiele betreffen Euphemismen, wie man sie aus Prospekten und Wahlverlautbarungen kennt. Ein Skigebiet, das nur über einen Hügel mit einem Lift verfügt, kann man sowohl als »mickrig« wie auch als »übersichtlich« bezeichnen. Wenn eine Armee in einem Krieg vor der feindlichen Macht zurückweichen muß, werden die Befehlshaber mitteilen lassen, daß man sich auf dem planmäßigen Rückzug befinde. Und wenn zwei Sportler ein Wettrennen beenden, kann man den Sieger auch als Vorletzten bezeichnen, und der Verlierer kann sich als Zweiter feiern lassen.

Der Lehrer versorgte uns mit Beispielen dieser

Art, empfahl genaueres Hinhören und erwähnte auch, daß nicht immer klar sein müsse, welche von zwei oder mehr möglichen Formulierungen eine Sachlage zutreffend beschreibt. Klar erkennbar sei in den meisten Fällen nur das hoffnungslose Übertreiben von schlichten Tatbeständen durch übermäßig grandios klingende Worte. Ihm war in einem eher schlichten Schuhladen um die Ecke aufgefallen, daß dort für eine neue Modellreihe mit dem Satz geworben wurde: »Die dynamische Silhouette ist international aktuell.«

»›Die‹ und ›ist‹, ein Artikel und ein Hilfsverb, mehr scheint unsere Sprache nicht liefern zu können«, so erläuterte er uns in den frühen 1960er Jahren seinen Ärger über Sätze dieser Art, die es heute immer noch in gleicher Weise, nur mit anderem Vokabular gibt. Man muß sich nur zu einem der vielen globalen Innovationsevents mit Actionstars einladen lassen. Niemand hat etwas gegen dynamische Innovationen oder internationale Silhouetten, nur sollen solche bombastischen Wortungetüme meistens über Einfallslosigkeit hinwegtäuschen. Man merkt die Absicht, wie wir erfuhren und behielten, ist verstimmt und kann jetzt überlegen, wie man selbst an dieser Stelle mitmacht, um das eigene »Schicksal zu korrigieren«.

Die Worte finden sich ursprünglich auf französisch in Lessings »Minna von Barnhelm«. Das »Corriger la fortune«, die Idee, dem Glück ein wenig Beine zu machen, nutzten wir als Schulstoff, um die Ironie kennenzulernen, die sich gut in pädagogischer Absicht einsetzen läßt. Von ihr kann man etwas lernen, und in diesem Fall sogar für sich selbst, da man mit der Sprache sein Schicksal besonders gut dann beeinflussen kann, wenn man sich erinnert. Menschen erinnern sich konstruktiv, wie die moderne Hirnforschung zeigt, was der Lehrer schon damals ahnte, als er uns von Max Frisch und seinem Satz erzählte, daß jeder irgendwann die Geschichte erfindet, die er für sein Leben hält. Sie kann schön sein, wenn man es nicht übertreibt – wie es in diesem Buch auf keinen Fall geschieht. Ehrenwort.

53

Frage nicht, was dein Land
für dich tun kann,
frage lieber, was du für dein Land
tun kannst.

Klar – der Satz stammt von John F. Kennedy, aber wir bekamen ihn als Thema für einen Aufsatz gestellt, und zwar eine Woche, nachdem der amerikanische Präsident im November 1963 einem Attentat zu Opfer gefallen war und wir dieses Unglück zum Anlaß genommen hatten, über Kennedys Ideen zu sprechen. Für mich hat sich diese Aufforderung unter dem Stichwort »Das Kennedy-Projekt« im Gedächtnis festgesetzt, wobei mir scheint, daß sie nach wie vor als Aufgabe vor uns steht. Daß dies der Fall ist, konnte man im Einstein-Jahr (2005) am Bundeskanzleramt nachlesen, als der damalige Amtsinhaber, Gerhard Schröder, seine Nähe zur Wissenschaft durch ein Zitat von Albert Einstein belegen wollte. Also konnte man in großen Lettern lesen: »Der Staat ist für die Menschen da, nicht die Menschen für den Staat.« Offensichtlich können zwei große Persönlichkeiten unterschiedliche Ansichten über das Verhältnis von Mensch und Staat haben, wobei es natürlich zu beachten gilt, daß die beiden Zitate nicht aus demselben Jahr stammen. Kennedys Rat an die Jugend Amerikas stammt aus den frühen 1960er Jahren, und Einsteins umgekehrte Weisheit ist eine Generation älter; sie wurde 1932 zu einer Zeit geäußert, als der Sozialismus noch als gute Idee verteidigt werden konnte und nicht so versagt hatte, wie es Kennedy und seinen Zeitgenossen vor Augen stehen sollte.

Doch das ist alles globales Geplänkel nach der Schulzeit. Als der Lehrer das Kennedy-Projekt als Thema stellte, ging es ihm um konkrete persönliche Möglichkeiten des Engagements etwa im schulischen oder in anderen Bereichen. Das Land, das Kennedy meint, empfahl er auszutauschen – etwa durch einen Freund oder durch eine Gemeinschaft, zu der wir gehören und beitragen. Es komme auf das gegenseitige Geben und Nehmen an, wie er erklärte und wie es die lateinischen Worte »Do ut des« ausdrückten. Ein schöner Satz, wie er fand: »Ich gebe, damit du gibst.« Der Lehrer sagte, hier sei nicht nur das Prinzip des Handels gemeint, hier gehe es um das Prinzip jeder Gemeinschaft – auch der der Klasse, und der Lehrer sei eingeschlossen. Er gäbe, damit wir gäben.

54

Philosophieren ist sehr praktisch;
man kann es zudem überall machen,
auch zu Hause.

»Wenn man in der Schule für das Leben lernen soll, braucht man keine alten Sprachen und keine Philosophie.« Das war zwar das genaue Gegenteil der Meinung, die der Lehrer vertrat, blieb aber trotzdem die Ansicht, die nach und nach aus den nordrheinwestfälischen Ministerien kam und ihren Weg in die Schulbehörden fand. Dort zählte man, wie viele Stunden die Schüler mit Sport, Geographie und vielen anderen Fächern verbringen müßten, um eines schönen Tages anzuordnen – damals ahnte noch niemand im Land der Dichter und Denker etwas von einer Bildungskatastrophe, und Politiker strebten auf diesem Sektor soziale Gerechtigkeit an –, daß kein Platz mehr für die Philosophie bleibe. Der Unterricht werde eingestellt.

Als die Verlautbarung kam, hatten wir gerade – jeder aus privaten Mitteln – die »Kritik der reinen Vernunft« angeschafft, um am Original zu lernen, was philosophisches Denken sein kann. Jetzt untersagte die Behörde dieses Lesen und Lernen mehr oder weniger, was den Lehrer aber nicht resignieren ließ, sondern auf die Idee brachte, die Schüler zu sich nach Hause einzuladen. Wir trafen uns also sonntags am frühen Abend und lasen die Vorreden der erwähnten »Kritik«. In ihnen geht es bekanntlich darum, daß das menschliche Denken vor Fragen gestellt wird, die es nicht beantworten kann, denen es aber auch nicht ausweichen kann. Der Lehrer sagte, daß sei das Glück der Offenheit, die dem Geist garantiert erhalten bleibe.

Wir lernten bei Kant weiter, daß das Denken sich nicht in beliebige Höhen schwingen könne. Wie bei einem Vogel, der zu hoch steigt, finde sich bald kein Widerstand mehr, der nötig ist, um weiterzukommen. Mir wurde bei diesen Worten immer unklarer, was das Ministerium meinte, wenn es der Philosophie Alltagstauglichkeit absprach. Allgemein konnte das nicht zutreffen. Was bei Kant in den Vorreden steht, bleibt praktisch nutzbar und »sprachlich von der Leichtigkeit des Feuilletons«, wie der Lehrer sagte. Solche Philosophie gebe es, meinte er, um uns zu ermutigen, weiterzumachen.

55

Der Weg zur Antwort ist wichtiger als diese selbst.

Philosophie mag praktisch nützlich sein. Bei der ersten Lektüre kann es allerdings gefährlich werden und man selbst in Depressionen verfallen. Was wird einem da nicht alles zugemutet!? »Ich weiß, daß ich nichts weiß«, wie Sokrates bemerkt hat, und zwar nicht am Anfang, sondern am Ende all seiner Bemühungen. Dann soll man lernen, daß der Zustand der Unwissenheit – die Aporie – eine Form von Glück sein soll, und außerdem ließen sich die wichtigen Fragen sowieso nicht beantworten. Wozu dann Philosophie? Weshalb dann nicht nur noch Naturwissenschaft?

Der Lehrer, der die Philosophie liebte und die Naturwissenschaft schätzte, ging auf meine Fragen ein, die ich im Anschluß an die Lektüre von Einstein ihm einmal zu stellen wagte. Ich tat das nicht in der Schule selbst, sondern an einem Sonntagvormittag in seiner Wohnung. Ab und zu lud er einen von uns ein, um ihm seine Buchbestände zu zeigen. Dabei kam es ihm nicht nur darauf an, Hinweise zum Ordnen einer Bibliothek zu geben. Er wollte auch zeigen, daß es ungeheuer langfristige Editionsvorhaben gebe. Bei den Werken von Aristoteles wartete er seit Jahrzehnten auf die letzten Bände, wie er mir zu meinem Erstaunen mitteilte.

Aristoteles zufolge, so erfuhr ich an diesem Sonntag, handele die Philosophie von den Fragen, die ohne endgültige Antwort blieben und für die folglich immer neue Lösungen gefunden werden müßten. Das Antworten sei weniger wichtig als das Fragen. Und der Lehrer glaubte, daß das auch für die Naturwissenschaft zutreffe, wenn er Einstein richtig verstanden habe. Und dann zitierte er Erich Kästner: »Es ist schon so: Die Fragen sind es, / aus denen das, was bleibt, entsteht. / Denkt an die Frage jenes Kindes: / ›Was tut der Wind, wenn er nicht weht?‹«

Man sei immer unterwegs zu einer Antwort. Das Bemühen sei wichtiger als das Ankommen. Am besten beschreite man den Weg zur Antwort im Gespräch. »Irgendwann spielt es dann keine Rolle mehr, ob man Lehrer oder Schüler ist. Man ist immer beides.«

56

Technik wird durch Natur nur gestört.

»Es gibt Wörter«, so erklärte uns der Lehrer häufiger, »die wir alle benutzen, ohne die ganze Reichweite zu sehen, die sie erfassen können.« Als Beispiel nannte er Natur und Technik. »Gehört die Sonne zur Natur?« fragte er plötzlich, und nachdem sich einige von uns mit verschiedenen Antworten um eine Klärung bemüht hatten, erläuterte er, daß man da verschiedener Ansicht sein könne. Wenn Natur das sei, was man nicht zur Kultur zähle, dann sei die Sonne Natur. »Aber«, so fragte er uns dann, »denkt ihr nicht mehr an das Lebendige, an Bäume, an Blumen, an Tiere, wenn ihr von Natur sprecht?« Wenn also bei Natur automatisch das Attribut »belebt« mitgedacht wird, dann gehöre die Sonne nicht dazu; sie sei dann nur ein Stern im Kosmos.

Mit der Technik gab es andere Mehrdeutigkeiten. Die Technik eines Klavierspielers müsse man von der Technik des Radios unterscheiden, wie wir zwar schon geahnt hatten, wie wir jetzt genauer erfuhren, und zwar so, daß wir es uns merken konnten. Dann konzentrierten wir uns auf das Technische, das wir als Fernsehgerät, Waschmaschine, Auto und ähnliche Konstruktionen von Ingenieuren kannten und nutzten, und lernten in diesem Zusammenhang, daß diese von Menschen gefertigten Gebilde mit der Natur möglichst wenig zu tun haben wollen. Sie müssen draußen bleiben: »Ein Sandkorn bringt eine Uhr nicht voran, sondern zum Stillstand«, sagte der Lehrer, der weiter darauf hinwies, daß die Menschen mit der Technik eine Art zweite Natur errichteten, an die wir uns anpaßten und in die wir uns einfügten. Wir hätten uns längst aus der ersten Natur verabschiedet, wie die Touristen, die ans Meer führen, aber nur, um dann im Pool zu baden.

»Schaut euch um«, sagte er, während seine Hand eine kreisende Bewegung machte, die von der Wand des Klassenzimmers zur Seite mit den Fenstern führte, hinter der brav die Mietshäuser der Gegend standen, »keine Natur mehr, außer als Rest in Form einer Zimmerpflanze, und manchmal selbst das nicht.« Wir könnten kaum in der ersten Natur überleben und wollten auch sicher nicht in ihr leben, selbst wenn manche etwas dieser Art vorgeben und von der »freien Natur« schwärmen.

Er liebte es, ganz allgemeine Gedanken zum Wechselspiel von Natur und Technik vorzutragen, etwa die, daß Technik nicht funktionieren kann, wenn sie die Natur des Menschen unbeachtet läßt, was natürlich zu der Frage führt, was darunter zu verstehen sei. Zur Natur des Menschen gehöre es ganz sicher, Werkzeuge erst anzufertigen, dann zu verbessern und sich zuletzt immer mehr technisch zu betätigen. So schaffe die erste Natur des Menschen seine zweite. Sie schien ihm interessanter und oftmals auch schöner. Sonnenuntergänge am Meer seien ja nicht zu verachten, aber lange hinschauen würde kaum einer. Das sei anders bei gemalten Sonnenuntergängen. Da würde Technik nur stören, wenn der Maler sie nicht beherrsche.

57

Das Erlebnis des Südens
ändert den Menschen.

Zu den Lieblingsthemen des Lehrers, die er in keinem Schulfach und in keiner Unterrichtsstunde ausführlich anbringen konnte, gehörte die Frage nach dem Schönen. Es war klar, daß es schöne Gesichter, schöne Blumen, schöne Sätze, schöne Ferien, schöne Bauwerke, schöne Gemälde und noch viel mehr schöne Dinge gab, und ich hatte bei Einstein auch über den Gedanken einer schönen Theorie gelesen. Doch all dies ließ insgesamt die Frage höchst kompliziert erscheinen, was denn das Gemeinsame all der aufgezählten Schönheiten sein könne. Ob etwas richtig (und vielleicht wahr) ist, könne man durch Messungen oder Informationen überprüfen. Aber was passiert, wenn es um die Entscheidung geht, ob etwas schön oder gar schöner sei?

Wenn sich der Lehrer zugestand, einige Abschweifungen zu diesem Thema zu unternehmen, machte er uns darauf aufmerksam, daß offenbar verschiedene Epochen verschiedene Auffassungen von Schönheit gehabt hätten, wie ein Blick auf Bilder aus verschiedenen Kunstepochen zeige. Dies wiederum brachte die Frage mit sich, was die ästhetischen Empfindungen der Gegenwart bestimme. »Haben die moderne Technik und aktuelle Wissenschaft Einfluß auf das, was wir schön nennen?« So fragte er, ohne zu antworten.

Ich gewann im Laufe der Jahre bis zum Abitur hin den Einruck, daß sich hier ein Buchthema für ihn verbergen könnte – »Ästhetik im Zeitalter der Technik« –, doch da fühlte er sich als Kritiker ausreichend wohl und beschäftigt.

Der Lehrer meinte noch, daß den Menschen ein Verlangen nach Schönheit innewohne, und er sah darin den Grund für die Tatsache, daß die meisten von uns nach dem Süden streben. »Jeder braucht seinen Süden«, wie es in einem schönen Buch von Iso Camartin heißt, der darin von »der Begierde nach dem Hellen und dem Weiten« und damit meinem Lehrer aus der Seele spricht. »Das Erlebnis des Südens«, so erzählte er einmal nach der Rückkehr von einer Reise nach Dubrovnik, »ändert den Menschen.« Der Lehrer machte uns das deutlich an den Bildern von Cézanne und van Gogh und an den Biographien von Nietzsche und Rilke. Wer in den Süden komme, der öffne sich leichter anderen Menschen gegenüber – wie die Mandelblüten, die es als erste und schutzlos riskierten. Der Lehrer bestaunte sie deshalb, jedes Jahr wieder, wenn er in den Süden aufbrach, um dessen Schönheit immer wieder neu zu erkunden.

58

Es kommt nicht auf die Menge
an Geld an, die man verdient,
es kommt darauf an, ob man mit dieser
Menge angemessen umgeht.

Sehr viel war vom Geld nicht die Rede. In der Klasse saßen Schüler aus verschiedenen sozialen Schichten, wie es heißt, also Söhne von Fabrikanten ebenso wie solche von Handwerkern, doch das störte uns nicht. Die Freundschaften entwickelten sich unabhängig davon und eher nach dem gemeinsamen Schulweg. Der Lehrer selbst wohnte bescheiden und fuhr seinen kleinen VW. Sein Besitzerstolz erstreckte sich auf Kunstwerke, und er erzählte uns gerne, wie er die Jahre nach dem Zweiten Weltkrieg genutzt habe, sich einige Werke – etwa Ölstiftzeichnungen von August Macke – zuzulegen, die in politisch-wirtschaftlich normalen Zeiten für ihn unerschwinglich gewesen wären. Er beneidete die Reichen nicht, die teure Bilder etablierter Künstler auf prominent inszenierten Versteigerungen erwerben konnten, und hielt dagegen, daß er sich lieber in kleinen Galerien auf die Suche nach neuen Künstlern mache. Als wir in Paris waren, nahm er einige von uns mit auf seine Streifzüge, die ich heute noch nachmache, wenn ich wieder dorthin komme.

Nicht nur arme Menschen hätten Sorgen, meinte der Lehrer, der sogar mehr davon bei den Reichen vermutete, weil er zum einen annahm, daß sie noch reicher werden wollten, und weil er zum zweiten sah, daß eine Menge Geld keine Lösung, sondern eine Aufgabe sei. »Eigentum verpflichtet«, wie es im Grundgesetz heißt, und wer das so ernst nehme, wie es gemeint sei, stehe vor einem Problem. Wofür gibt man (damals) seine Millionen oder (heute) seine Milliarden aus? Er sei froh, sich damit nicht beschäftigen zu müssen und unbelästigt Zeit für seine privaten Aktivitäten zu haben.

Er unterschied noch diejenigen, die durch eine Erbschaft reich geworden waren, von denen, die ihr Geld selbst verdient hatten. Im ersten Fall könne kaum das Gefühl des Stolzes aufkommen, meinte er. Dazu müsse man etwas aus eigener Kraft erreicht haben. Und dann werde einem vielleicht auch einfallen, was man mit dem vielen Geld machen könne.

59

Es reicht nicht, wenn man
irgendwo nur da ist;
man muß auch etwas Sinnvolles tun.

Eines gab es doch, das den Lehrer störte, wenn irgendwo die Reichen auftraten. Sie schienen der Meinung zu sein, es reiche, wenn sie da seien und sich zeigten, auf einem Ball oder bei Festspielen. Hier nahmen sie kurz vor dem Theater ein Taxi, um vom Volk beim Vorfahren beklatscht zu werden. »Das *factum brutum* der eigenen Existenz ist ja nicht zu verachten«, meinte der Lehrer, »aber damit fängt alles erst an. Es kommt darauf an, was jemand daraus macht.«

Er meinte das nicht nur in Hinblick auf Prominente mit Vermögen, die etwa in Salzburg auftauchten. Er meinte das vor allem in Hinblick auf die Knaben, die er bei schulischen Veranstaltungen herumlungern sah. »'Rumstehen kann jeder«, bekamen wir dann zu hören, »anpacken wäre besser.« Es gab seiner Ansicht nach immer genug zu tun – Stühle zum Konzert aufstellen (und wieder zurückräumen), Zimmer für Klassenfeste dekorieren (und wieder entrümpeln) –, und zwar selbst dann, wenn es mehr um das Vergnügen ging. Als wir eines Tages zu einer Tanzveranstaltung in ein Mädchengymnasium eingeladen waren, meinte er, daß wir die Zeit dort nicht allein in vertrauter Runde mit Bierflaschen verbringen sollten. Die Mädchen wollten tanzen, und dazu müßten wir aktiv werden, und zwar nicht so, daß man eines von ihnen den ganzen Abend in Beschlag nimmt. Dazu bestehe ein andermal Gelegenheit, zunächst gehe es um ein Schulfest.

Ich habe mich um die Mädchen ebenso bemüht wie um die Festspiele. Seine Erzählungen von Salzburg hatten mich animiert, kurz vor dem Abitur dort aufzukreuzen und mich um Karten zu bemühen. Dafür hatte er einen Tip bereit. »Du mußt nach Amerikanern Ausschau halten«, hatte er mir geraten. »Sie sind auf Europareise, und oft ist einer krank geworden. Die anderen wollen seine Karte loswerden und achten nicht besonders auf den Preis, vor allem, nachdem es geklingelt hat«. Es klappte, und ich saß fast zum Nulltarif in den ersten Reihen, und zwar so oft, daß ich zu träumen meinte.

60

Studenten sollten ihr Fach nicht
nach dem Stand der Statistik wählen.

Eines Tages ist die Schulzeit vorbei, und auch wenn das Ende nicht plötzlich kommt – in unserem Fall ging es ungewohnt zu. Wir waren der erste Jahrgang, der das Abitur nach einem Kurzschuljahr bekam. Bis dahin hatte es in allen (alten) Bundesländern das Reifezeugnis zu Ostern gegeben – außer in Bayern, wo man bis zum Sommer wartete. Jetzt sollte die Ausnahme zum Normalfall werden, und diese Umstellung der Schulzeit wurde in zwei Kurzschuljahren vollzogen. Wir wurden mitten in einem November entlassen und konnten uns immatrikulieren. Vorher gab es Fragen nach dem Studienfach. Der Lehrer half, indem er uns die Aufgabe stellte, Lebensläufe zu verfassen, und zwar so, daß am Ende die Wahl des Studienfachs stehe. Er gab keine Empfehlungen – außer einer. Er bat uns, die Beratungsangebote des Arbeitsamtes zu ignorieren. Die zuständigen Beamten orientierten sich am Stand der Statistik, und auf die komme es bei solch einer Wahl nicht an. »Wenn heute Lehrer fehlen, dann schlagen sie vor, für das Lehramt zu studieren«, meinte er, »aber bis man zum Abschluß kommt, hat sich die Statistik geändert, und es liegen neue Zahlen vor, die etwas anderes ratsam erscheinen lassen.«

Ich war schon länger entschlossen, es mit der Physik zu versuchen, wobei meine Begründung eher paradox klang. Ich hatte den Eindruck, im Deutschunterricht etwas mitbekommen zu haben, was man Literatur nennen konnte. Dies traf nicht für die Physik zu. Was ich bei Einstein gelesen hatte, war in der Schule offensichtlich nicht erörtert worden, so daß Physik etwas anderes war als das, was ich kannte. Darauf war ich neugierig, wie ich dem Lehrer erzählte, der zustimmte und mich fragte, ob ich noch etwas für die Schule tun wolle. Er plane ein Abschiedsfest, und ich solle über den Eiffelturm reden, den wir doch in Paris erkundet hatten. Da ging es um Wissenschaft und Technik, wie ich sie schätze, aber auch um mehr als das, nämlich um das Symbol für ein neues Zeitalter. Darauf würden empfindliche Menschen reagieren, eben die Künstler. Das würde mich doch auch interessieren. Und so drückte er mir den Nachdruck eines Bildes von Robert Delaunay in die Hand und fügte ein Gedicht von Ivan Goll hinzu, die beide die technisch wie ästhetisch eindrucksvolle Konstruktion zum Thema hatten und ihm ihre künstlerische Dopplung entgegenstellten.

Meine Aufgabe bestand darin, beide Sichtweisen zu vergleichen, was ich getan und wodurch ich zwei Themen für mein Leben gewonnen habe. Es ist zum einen die gemeinsame Geschichte von Kunst und Wissenschaft, über die ich schon ein Buch geschrieben habe (»Einstein trifft Picasso und geht mit ihm ins Kino«). Und es ist zum zweiten die Dopplung der Dinge – etwa durch die Erinnerung, in diesem Fall an meine Schulzeit. Über sie schreibe ich dieses Buch. Was damals mit dem Lehrer zu Ende ging, kommt hier mit ihm in anderer Form zurück. Ob er das schön gefunden hätte?

Nachsatz

Vielleicht ist der Leser jetzt neugierig auf den Lehrer geworden. Vielleicht will er auch wissen, ob es ihn tatsächlich gegeben hat. Die Antwort lautet: Ja. Er hieß Heinrich Hahne und stammte aus Gelsenkirchen, wo er 1911 geboren worden war. Er wuchs im Sauerland auf, machte in Emmerich sein Abitur und studierte anschließend in Köln, München, Kiel, Berlin und Prag. In Berlin promovierte Hahne bei Nicolai Hartmann im Fach Philosophie (Erkenntnistheorie), und in Prag legte er das Staatsexamen ab. Fünf Jahre lang war er Soldat, und 1946 trat er in den Schuldienst ein. In den 1950er Jahren kam er nach Wuppertal an das Carl-Duisberg-Gynmasium, wo ich ihn 1961 kennenlernte. Ich geriet in eine Untertertia, die er als Sexta übernommen hatte und in Absprache mit der Schulleitung bis zum Abitur führen sollte. Hahne hat für viele große Zeitungen geschrieben – am liebsten für die FAZ und zuletzt vor allem über seine Erfahrungen (wörtlich zu verstehen) auf Reisen –, und er ist bis zu seinem Tod 1996 publizistisch tätig gewesen. Seine Frau, Susanne Hahne, hat am Ende ihres Lebens dafür gesorgt, daß viele seiner – einfach klugen – Feuilletons in Buchform verfügbar wurden.

Wer sie liest, findet darunter einen Text mit dem Titel »Was bleibt?« In ihm erzählt Hahne (mit den einleuchtenden Regeln der Rechtschreibung der 1960er Jahre) von dem französischen Sozialisten Jean Jaurès, der sich beim Besuch des Gymnasiums seiner Heimatstadt daran erinnert, »wie ihm das Herz geschlagen habe, als er ... zum erstenmal ein Experiment mit Gasen habe beobachten dürfen.« Einzelheiten des Unterrichts erinnere er nicht mehr, so Jaurés, er habe aber eine Vorstellung von der Wirkungskraft der Natur und davon bekommen, »wie die Teilhabe am geistigen Fortschritt ... manchmal für das ganze Leben bestimmend bleibt«.

Das hat unser Lehrer in Wuppertal ganz sicher erreicht – er hat uns am geistigen Fortschritt teilhaben lassen und dadurch mindestens ein Leben mitbestimmt, meines nämlich. Er hat in diesem Fall sogar noch sehr viel mehr getan, nämlich absichtslos die Bedingung dafür geschaffen, daß ich meine Frau treffen und kennenlernen konnte. Sie stammt zwar aus derselben Stadt wie ich – aus Wuppertal –, aber nicht aus demselben Stadtteil. Sie kommt aus Elberfeld, und ich aus Barmen, was nicht leicht zusammenpaßt, wie Kenner wissen. Es bedurfte besonderer Umstände, uns zusammenzubringen, und diese schuf der Lehrer durch eine Klassenfahrt nach Rom.

Bei der Suche nach einer Unterkunft für seine Unterprima entdeckte er ein Kloster in der Nähe des Kolloseums, in dem es zwei Schlafsäle gab. Also bestand die Möglichkeit, der Operprima, die seine Frau unterrichtete und mit Begriffen versorgte, auch die Anschauung der ewigen Stadt zu bieten. Mit zu dieser Klasse gehörte eine Renate, die heute meine Renate ist. Wir haben uns in Rom getroffen, sind zusammengeblieben und inzwischen Großeltern. Renate ist mein Lebensmensch geworden, und sie soll das noch lange bleiben.

Und noch etwas: Über die 60

»Wenn man die Worte liest ›Über die Linie‹«, so erklärte uns der Lehrer eines Tages, »dann bleibt es offen, ob da jemand über eine Linie schreiben oder ob er über sie schreiten will.« Wenn es also hier heißt: »Über die 60«, dann bleibt es wie oben offen, ob der Autor über die 60 schreiben oder schreiten will. Allerdings – im zweiten Fall kann von Wollen keine Rede sein. Er hat 2007 seinen 60. Geburtstag feiern dürfen und kaum etwas daran ändern können. Er mußte also über die 60 schreiten, und er will aus diesem Grund nicht mehr als sechzig Kapitelchen schreiben. Mit sechzig schließt sich ein Kreis, wie wir ihn von der Uhr her als 60 Sekunden oder 60 Minuten kennen – wobei der Lehrer uns einmal gefragt hat, warum wir die Zeit kreisen lassen, während sie doch nur die eine Richtung nach vorn kennt und nie zurückläuft. Der Neuanfang durch die 60 ist uralt. Die Babylonier fingen mit dieser Zahl wieder neu zu zählen an – die 60 wird als große Eins geschrieben. Die bekam der Autor, als der Lehrer 60 wurde. Da hat er dem Schüler das Du angeboten. Grund genug, bei 60 anzuhalten – oder heißt es »Sechzig«?

Werke von Heinrich Hahne
(Auswahl)

In der Pause
Klett Verlag, Stuttgart 1956
Als Lehrer heute
Schwann Verlag, Düsseldorf 1963

Kunst und Künstler (1976)
Wortwörtlich (1977)
Erfahrungen (1978)
Letzte Reisen (1996)
Perspektiven (1996)
Nachhall (1997)
Hinsichten (1998)

alle Verlag Fr. Staats GmbH, Wuppertal

Frieder Lauxmann
Vom Nutzen des unnützen Denkens

Wie Philosophie auf die Welt einwirkt

Scheinbar unnütze Gedanken oder Irrtümer stehen oft am Beginn einer grundlegenden Neuerung. Das wirklich Neue im Denken, in der Forschung und in der Technik entstammt Ideen, die den Zeitgenossen als unnütz und verdächtig erschienen. Anhand vieler Beispiele von Platon über Leibniz bis in die Gegenwart zeigt Frieder Lauxmann, wie gerade das nicht-zielgerichtete Handeln die Welt bewegt. Seine Suche nach der Freiheit im Denken ist gleichzeitig eine interessante Erkenntnisreise durch die Welt der Philosophie.

»Kein unnützes Buch, vielmehr Anregung und Einladung zu Mußestunden verbunden mit Impulsen, weiter zu denken.« Deutschlandradio

208 Seiten, ISBN 978-3-485-01103-7
nymphenburger

Lesetipp

BUCHVERLAGE
LANGENMÜLLER HERBIG NYMPHENBURGER
WWW.HERBIG.NET